Nosetto, Luciano

La vida pública de las palabras. Siete ejercicios de teoría política - 1a ed . - Ciudad Autónoma de Buenos Aires : Miño y Dávila, 2022.

190 p. ; 22,5 x 14,5 cm.

ISBN 978-84-18929-85-4

THEMA: QDTS [Filosofía social y política]

BISAC: PHI019000 [Philosophy / Political]

Edición: Primera. Diciembre de 2022

ISBN: 978-84-18929-85-4
Depósito legal: M-28467-2022

© 2022, Miño y Dávila srl / Miño y Dávila editores sl

Diseño: Gerardo Miño
Armado y composición: Eduardo Rosende

Página web: www.minoydavila.com

Mail producción: produccion@minoydavila.com
Mail administración: info@minoydavila.com

Dirección: Miño y Dávila s.r.l.
Tacuarí 540. Tel. (+54 11) 4331-1565
(C1071AAL), Buenos Aires, Argentina.

Luciano Nosetto

La vida pública de las palabras

SIETE EJERCICIOS DE TEORÍA POLÍTICA

ÍNDICE

Prefacio

N o es evidente que haya palabras que tengan una vida pública. Tampoco lo es que esa vida pública de las palabras pueda ser tema u objeto de una teoría política. Y, sin embargo, es ese el punto de partida de los siete ejercicios que se imprimen a continuación.

En lo que va del siglo XXI, la política argentina dio lugar a un sinnúmero de debates públicos. No es que los haya infinitos: sólo es que no han sido contados ni numerados. Ahora bien, cada uno de estos debates se apoyó en palabras que alcanzaron especial resonancia y significación: palabras que han quedado marcadas por la cicatriz de los conflictos y debates en que se vieron envueltas y que siguen siendo vehículo de esas significaciones adquiridas.

Tomemos, por mor de la claridad, algunos ejemplos del siglo anterior. ¿Puede seguir hablándose de "justicia social" del mismo modo en que se lo hacía previo a la emergencia del peronismo? ¿Es posible aludir con ligereza a la idea de "reorganización nacional", tras la experiencia de la dictadura de 1976-1983? ¿Y cómo decir la palabra "democracia" sin despertar la memoria del alfonsinismo, con su primavera y sus demás estaciones? Cuando una palabra adquiere vida pública, esto es, cuando se vuelve nombre, objeto y vehículo del discurso político, adquiere una espesura difícil de apaciguar. Al tomar la palabra, al articular alguno de esos nombres, bien podemos ignorar la selva en que nos internamos. Y, sin embargo, nuestra ignorancia no es impedimento para que esa feracidad termine por apoderarse del sentido de lo que decimos.

Es aquí donde la teoría política hace su ingreso. No la teoría política, entendida como una historia anticuaria de las ideas o como una visita guiada por el museo de los grandes pensadores. Más bien, se parte aquí de la premisa de que la teoría política consiste en un modo de reflexión sobre los desafíos políticos del presente, informado en la conciencia de que esos desafíos involucran palabras que tienen su espesura, tanto como problemas que tienen su historia. Ante esto, la teoría política apunta a profundizar en la comprensión del tiempo que nos toca, revisando la información provista por las grandes mentes y plumas del pasado —que se han esforzado por atender problemas similares— y atendiendo a la distancia histórica que nos vincula con esos esfuerzos, pero que también nos aleja de ellos.

Los siete ejercicios o ensayos que se imprimen a continuación articulan siete términos que resultaron objeto de la atención pública y el debate político e intelectual del siglo XXI argentino. Con cada una de estas articulaciones, no se apunta a un análisis del discurso de la experiencia democrática reciente, sino a una teorización, que recupere el espesor histórico y conceptual de cada palabra, para con ello robustecer la comprensión de los desafíos del presente. De este modo, las palabras de esta antología conforman una especie de contra-historia conceptual de las primeras dos décadas del siglo XXI argentino.

Este relato empieza abordando el ciclo de protestas que tuvo su epicentro en los acontecimientos de 2001; esto, a partir de la idea de lucha por los derechos que informan el concepto de ciudadanía. Nuestro relato continúa con el proceso de reconstrucción institucional y rehabilitación de la autoridad pública alcanzadas durante el gobierno de Néstor Kirchner: un gobierno que muy pronto fue acusado de asumir un estilo audaz y calculador, cuando no decisionista. El tercer capítulo de este relato remite a la consolidación del liderazgo carismático de Cristina Kirchner: un liderazgo revestido de un componente fuertemente emotivo y denunciado, con similar emotividad, de irracional y subjetivista. Con el cuarto capítulo de esta serie, llegamos a la bisagra entre las dos primeras décadas del siglo: una bisagra coincidente con las celebraciones por el bicentenario de 1810. Es en este marco que las discusiones en torno al nacionalismo y el patriotismo ganan especial intensidad. Prosigue el recorrido de este libro con las discusiones en torno al poder de los medios de comunicación audiovisual y al sentido y legitimidad de la opinión pública. Muy pronto, esta disputa en torno a la normativa y regulación de los medios dará lugar a un proceso judicial. Precisamente, el objeto de nuestro sexto capítulo alude a la judicialización de la política, reconocible tanto en la proliferación de amparos ante decisiones de los poderes legislativo y ejecutivo como la recurrencia de las denuncias de corrupción. Culmina nuestro recorrido con las tensiones con los servicios de inteligencia, que enmarcan la muerte del fiscal Alberto Nisman y que traen a primer plano la cuestión de los secretos de Estado. La segunda década de nuestro siglo se completa con un nuevo gobierno, explícitamente amistado con los exponentes corporativos del llamado "círculo rojo". Al momento de esta publicación, ninguno de los desafíos aludidos por estas palabras se puede tener por agotado ni resuelto.

(Esta contra-historia conceptual de la Argentina reciente se deja leer también como el relato de un doble ciclo, de ascenso y caída de la mediación política: ciclo ascendente, que va de la lucha inmanente por los derechos ciudadanos a su inscripción estatal mediante un liderazgo que articula la representación de los reclamos [*Vertretung*] con la representación de la patria [*Repräsentation*]; ciclo descendente, signado por el retroceso de la autoridad y el poder estatales ante el avance de los poderes indirectos.)

Los textos que componen este volumen fueron escritos a lo largo de estas dos décadas. En todos los casos, la preocupación por el presente ha sido el motivo de la indagación teórica. En todos los casos, se ofrece el mismo y monótono proceder: delimitación conceptual y despliegue analítico. He vuelto a ellos, introduciendo modificaciones más o menos relevantes, a efectos de su integración en este libro. Un libro que Fabián Ludueña Romandini, en su antológica generosidad, ha decidido alojar en esta colección.

El título de esta compilación se lo debo, como tantas otras cosas, a Diego Conno.

CAPÍTULO 1

Ciudadanía

Toda relación con el pasado está expuesta a la contestación. Es que el pasado nunca está disponible para nuestra recolección inmediata. Y los inevitables esfuerzos que implica dar cuentas de lo acontecido involucran siempre una distancia y una perspectiva. Este carácter problemático de toda relación con el pasado se duplica en cuanto tratamos de dar cuenta del futuro. Es que la relación con el futuro es, cuanto menos, tan contestable, tan mediada y tan perspectivista como la relación con el pasado. *Entre pasado y futuro* se despliega el tiempo presente, que es el tiempo que nos pertenece o que nos es dado de manera instantánea: un tiempo al que pareciéramos tener acceso sin mediar distancia, ni esfuerzos ni contestaciones.

Esta inmediatez se arruina, sin embargo, en cuanto nos preguntamos cuándo empieza el presente. ¿Empieza ahora, en el instante en que esta página está siendo leída? ¿O ahora, que escribo la palabra "palabra"? ¿Empieza con el amanecer de cada día? ¿O con cada primero de enero? ¿De qué tiempo somos contemporáneos? ¿O debemos suponernos expuestos a diferentes temporalidades simultáneas? Nuestro presente político, por ejemplo, ¿comienza con la asunción del actual presidente? ¿O con el inicio de otro "nuevo ciclo latinoamericano", pronto a ser datado y bautizado por el siguiente publicista habilidoso? Tal vez nuestro presente haya comenzado con el siglo: con el ruido y la furia de un 2001 que rompe con el curso previo de las cosas e inaugura un tiempo distinto.

Todo esto, claro, es objeto de disputas. Pero bien, que el hoy pueda tener sus espesuras y sus diferentes duraciones explica que exista algo así como una "historia del presente": una historia que no es conocimiento objetivo de lo que pasó, sino consciencia reflexiva de lo que nos viene pasando (Foucault, 1999: 347). Ahora bien, esto no debe llevarnos a creer que la pregunta por el presente es una cuestión meramente académica o erudita. No más tener en cuenta que las identidades que definen las adscripciones y alineamientos políticos se definen a partir de las fidelidades del presente con acontecimientos... del pasado, sí: pero que no terminan de irradiar sus efectos. El Juicio a las Juntas, el 2001, el conflicto con el campo, el Ni Una Menos... dime a qué guardas fidelidad y te diré quién eres (Selci, 2018: 69-72).

En términos de régimen político, no es muy difícil admitir que nuestro presente empieza en 1983, con la rehabilitación del imperio de la Constitución y con la puesta en marcha del período democrático más extendido de nuestra historia. Cecilia Lesgart ha recogido las discusiones políticas y politológicas sobre la etapización de este presente democrático, recuperando la distinción entre una fase inicial de "transición" respecto de otra posterior de "consolidación" democrática (2003: 103 y ss.). Contra este fondo reseñado por Lesgart, Silvia Schwarzböck ha introducido el término de "posdictadura". Con él, propuso rebautizar una época que ella considera marcada por una serie de continuidades o legados de la dictadura militar, mucho más que por la discontinuidad o ruptura con la experiencia del Proceso. Entre los "espectros" de la dictadura, menciona Schwarzböck la "derrota *sin guerra* de las organizaciones revolucionarias" (2016: 23). Ahora bien, si el tono del libro de Schwarzböck es más bien luctuoso y aguafiestas, lo cierto es que su énfasis en el repliegue de lo bélico es compartido por otras miradas que, si bien no alcanzan a ser celebratorias ni festivas, arriban cuanto menos a un saldo más positivo respecto del balance democrático. Hugo Vezzetti, por caso, identifica que el tiempo democrático ha implicado un desplazamiento desde el discurso de la guerra hacia el discurso de la ley: desplazamiento que comporta una reconfiguración simbólica e imaginaria de la cultura política argentina. Subraya Vezzetti que "nunca antes la cuestión de los *derechos individuales* y la garantía de la ley había jugado un papel semejante en la escena política" (2002: 128-129).

Democrático o posdictatorial, el tiempo político que, desde 1983, nos es contemporáneo parece ser un tiempo marcado por la gramática de los derechos. Incluso la comprensión del progreso histórico aparece alcanzada por esta gramática. Es que quienes se identifican

　　　　La vida pública de las palabras

con expresiones políticas progresistas tienden a comprender al progreso como ampliación de derechos, mientras que quienes expresan perspectivas conservadoras o reaccionarias tienden a identificar las luchas por nuevos derechos con un futuro de licencia y decadencia. Ahora bien, esta comprensión progresista del tiempo histórico se ha visto en apuros tras la "revolución conservadora" propia de los gobiernos neoliberales de fines del siglo XX. Es que aquellos proponentes del progresismo, que han puesto el énfasis en la recuperación de derechos perdidos, se han visto muchas veces en la paradójica situación de identificar el progreso con un retorno al bienestar previo a las reformas neoliberales. Cierto es que este paradójico llamado a "volver al futuro" ha tenido por supuesto una estilización del recuerdo del bienestar pasado, basada en el olvido selectivo de sus insuficiencias y sus déficits. Cualquiera sea el caso, el debate contemporáneo respecto de la posibilidad de una cultura progresista que sepa, a su vez, conservar los derechos adquiridos constituye un tema de la discusión política de nuestro tiempo (Tatián, 2015).

Ahora bien, estas coordenadas culturales, que generalizan la gramática de los derechos, alcanzan también a las reclamaciones y conflictos del presente, que se dejan cifrar en términos de "lucha por los derechos" mucho más que en términos de "guerra social". Conforme la observación de Mercedes Barros, si "el lenguaje de los derechos individuales ocupó una posición marginal" durante la mayor parte del siglo XX, tras la dictadura militar, "se ha convertido en un lenguaje disponible y legítimo para reclamos y luchas muy diferentes" (2009: 2). Son estas coordenadas las que acompañan al ciclo de protestas que desemboca en el estallido de diciembre de 2001 con que Argentina inicia el siglo XXI. A partir de entonces, la pregunta por la reconstrucción institucional de la Argentina resultará indisociable de la pregunta por las protecciones sociales y los derechos de ciudadanía.

— 1 —
Analítica conceptual

La reflexión contemporánea sobre la ciudadanía y los derechos ciudadanos se ha desplegado, en una medida no desdeñable, a través de las líneas conceptuales tendidas por el aporte del sociólogo inglés Thomas Humphrey Marshall. En una serie de conferencias dictadas en Cambridge en el año 1949, Marshall señala un rasgo distintivo del concepto de ciudadanía contemporáneo, que está dado por el hecho de que la mera pertenencia a la comunidad política implica la titularidad de un set de derechos que comprenden a toda persona por igual. Si, en la tradición clásica, la condición de ciudadano aludía a un estatus diferencial del que sólo gozaban algunos privilegiados y del que la gran mayoría estaba excluida, en el siglo XX la condición de ciudadanía se consolida como un "estatus igual" del que gozan todos los individuos, por el mero hecho de pertenecer a la comunidad política.

Para el tiempo en que Marshall dicta esta conferencia, Hannah Arendt está sumida en la escritura de los voluminosos tomos de *Los orígenes del totalitarismo*, que habrán de publicarse dos años después, en 1951. Es en el segundo tomo de esa obra que Arendt asocia la pertenencia de las personas a comunidades políticas con una especie de "derecho a tener derechos" (2006: 420), Con esto, señala la situación paradójica representada por las poblaciones desplazadas y refugiadas, que habitan en territorios gobernados por Estados nación que no los reconocen como miembros. La paradoja viene dada por el hecho de que, al no gozar de la condición de ciudadanía, estos individuos quedan arrojados a la condición de meros seres humanos: una condición en la cual, lejos de quedar a resguardo de los derechos humanos, se descubren a la intemperie respecto de todo derecho. Arendt remarca entonces que los derechos humanos sólo resultan eficaces allí donde los individuos pertenecen a comunidades políticas que les permiten hacerlos valer como derechos de ciudadanía.

Volvamos a la conferencia de Marshall. Tras identificar la novedad que trae aparejada el concepto de ciudadanía contemporáneo, el orador despliega una analítica del concepto, informada por una reconstrucción esquemática de la historia inglesa. Esto le permite delinear tres ondas de universalización de derechos: al siglo XVIII corresponde el reconocimiento de los derechos civiles; al XIX, la expansión de los derechos políticos; y al siglo XX, la incorporación de los derechos sociales. De este modo, el concepto de ciudadanía parece constituirse a partir de una progresiva adquisición de derechos. La metáfora de las "generaciones" de derechos pareciera recurrir a esta imagen, conforme la cual cada conjunto de derechos constituye la plataforma que permite el surgimiento de los siguientes.

Ahora bien, respecto de ese set de derechos, Marshall considera que "no hay ningún principio universal que determine cuáles deben ser esos derechos y deberes" de modo que, históricamente, las sociedades "crean la imagen de una ciudadanía ideal con la cual puede medirse el logro y hacia la cual deben dirigirse las aspiraciones" (2005: 37). Esto implica que los componentes de la ciudadanía no surgen de invariables antropológicas, sino que se constituyen históricamente a partir de una dinámica de contestación social y reconocimiento estatal. José Nun señala en este sentido que la ciudadanía "es siempre el objeto —y el resultado, agregamos nosotros— de una lucha, por más que en determinados lugares ésta pueda haberse resuelto desde hace mucho y haya tendido a naturalizarse" (2000: 65-66). En este sentido, es la misma dinámica de contestación social y reconocimiento estatal la que va reconfigurando el concepto de ciudadanía, determinando quiénes son y de cuáles derechos gozan los ciudadanos.

Si bien Marshall se precave de incurrir en generalizaciones infructuosas, advirtiendo que su análisis responde exclusivamente al caso inglés, muy pronto su conceptualización y su analítica se habrán de mostrar de utilidad para reflexionar sobre otras realidades nacionales. Así es que, a partir de esta definición canónica, se ha articulado un rico espacio de reflexión teórica en torno a la realidad efectiva de los procesos de ciudadanización en los diferentes órdenes nacionales. En el caso de los países latinoamericanos, la recepción de la propuesta marshalliana ha dado lugar a reelaboraciones, inflexiones y críticas en dos sentidos. Por un lado, la teoría de Marshall ha brindado un modelo o un ideal regulatorio para la crítica de las desigualdades en la región. Por otro lado, y en sentido inverso, la experiencia latinoamericana ha servido también para cuestionar la utilidad y alcance del concepto de la ciudadanía propuesto por Marshall.

Así, la intersección entre la analítica marshalliana y las experiencias latinoamericanas ha dado lugar a profusas reflexiones, que han contribuido a enriquecer y complejizar el pensamiento de la ciudadanía en la región. Es el objetivo de este capítulo dar cuenta de la productividad de estas reflexiones en el debate en torno al concepto de ciudadanía. Para ello, se opta por una estrategia analítica, consistente en desplegar los diferentes elementos presentes en la definición canónica de la ciudadanía, recuperando en cada caso las inflexiones y los reparos operados en vista de la historia y actualidad latinoamericanas.

— 2 —

Derechos civiles

Empecemos por los derechos civiles. En la perspectiva de Marshall, los derechos civiles están vinculados con las libertades individuales o liberales. Se trata de aquellas libertades que Benjamin Constant reconoció como propias "de los modernos" e Isaiah Berlin describió como "libertades negativas". Con esto, se alude a los derechos asociados al "resguardo de un campo de acción individual respecto de toda interferencia externa" y, en particular, respecto de la interferencia de los poderes públicos (Abdo, 2021: 29-35). Entre estos derechos, se cuentan la libertad de movimiento, de expresión, de asociación y de culto, así como el derecho a la propiedad y al trabajo. Si bien estos derechos civiles suelen identificarse con las libertades propias de la actividad económica, lo cierto es que, entre estos derechos, se cuentan también los derechos personalísimos, que hacen a la vida, la integridad física, la identidad y la libertad. Sobre este punto, un componente nodal de los derechos civiles es el acceso a la justicia, que "es el derecho a defender y afirmar todos los derechos propios en términos de igualdad con otros y mediante el debido proceso legal" (Marshall, 2005: 21).

En vista de la historia latinoamericana, resulta inevitable señalar los notorios déficits en la universalización de los derechos civiles en la región. Y esto no sólo se ha debido a las ostensibles violaciones de derechos llevadas adelante por las dictaduras militares. Como observa José Nun, "la población latinoamericana goza muy incompletamente de los derechos civiles, como lo evidencian en la mayoría de los países la crisis y la subordinación política de los sistemas de justicia; la privatización y feudalización de los aparatos legales según regiones; las prácticas abiertamente discriminatorias de las fuerzas de seguridad; los repetidos intentos de coartar las libertades de prensa y de asociación; la falta de castigo de las prácticas corruptas; etcétera" (2003: 297-298). En la perspectiva del autor, la dimensión civil de la ciudadanía adolece de un fuerte sesgo de clase, siendo que los sectores postergados encuentran seriamente limitadas sus posibilidades de acceso a la justicia.

     La vida pública de las palabras

En línea con el planteo de Nun, Guillermo O'Donnell vincula el déficit de derechos civiles con el déficit de penetración funcional y territorial del Estado: "Para grandes segmentos de la población, las libertades liberales básicas son negadas o violadas recurrentemente. Los derechos de las mujeres golpeadas de demandar a sus maridos, de los campesinos de lograr un juicio imparcial frente a sus patrones, la inviolabilidad del domicilio en los barrios pobres y, en general, el derecho de los pobres y diversas minorías de ser adecuadamente tratados por las agencias estatales y los tribunales de justicia son con frecuencia negados" (1997b: 328).

Para dar cuenta de la particularidad de las experiencias latinoamericanas, O'Donnell recurre a una definición del Estado que incluye tres dimensiones. En primer lugar, el Estado es un conjunto de burocracias; en segundo lugar, es un sistema legal y, tercero y último, el Estado remite a un foco de identidad colectiva para los habitantes de su territorio. Estas tres dimensiones son identificadas, respectivamente, con la eficacia (de las burocracias estatales), la eficiencia (de sus leyes) y la credibilidad (de su identificación con el bien común de los habitantes). Ahora bien, en el caso de los países latinoamericanos, O'Donnell registra un tradicional déficit en estas tres dimensiones: "El gran tema, y problema, del Estado en América Latina en el pasado, y aun en el presente en el que los regímenes democráticos predominan, es que, con pocas excepciones, no penetra ni controla el conjunto de su territorio, ha implantado una legalidad frecuentemente truncada y la legitimidad de la coerción que lo respalda es desafiada por su escasa credibilidad como intérprete y realizador del bien común" (2004: 176).

De este modo, América Latina presenta situaciones en las que la efectividad de la ley se extiende muy irregularmente a lo largo del territorio y a través de las diversas relaciones sociales (étnicas, sexuales y de clase) que debe regular. En estas situaciones de "evaporación funcional y territorial de Estado", se produce una peligrosa coexistencia de Estados ineficaces e ineficientes con esferas de poder autónomas, con "sistemas de poder local que tienden a alcanzar grados extremos de dominación personalista y violenta" (1993a: 169).

Conforme esta caracterización de la situación de los derechos civiles en América Latina, pareciera que, allí donde los poderes públicos no están presentes, las libertades terminan por ser un privilegio del que están privados los sectores menos aventajados. Con esto, se evidencia el carácter paradójico de los derechos civiles, que se presentan como "libertades negativas" o libertades respecto del Estado, pero que solo pueden garantizarse de manera igualitaria allí donde hay un Estado presente.

— **3** —

Derechos políticos

Los derechos políticos están vinculados con la posibilidad de participar activa o pasivamente, de manera directa o delegada, en los procesos de toma de decisiones públicas. "Por elemento político —sostiene Marshall— me refiero al derecho de participar en el ejercicio del poder político, como miembro de un organismo dotado de autoridad política o como elector de los miembros de tal organismo" (2005: 21). Conforme el relato de Marshall, el proceso de ciudadanización política en Inglaterra no consistió en la creación de nuevos derechos sino, más bien, en la generalización de antiguos derechos a nuevos sectores de la población. Hasta entonces, el voto "era el privilegio de una clase económica limitada, cuyos alcances fueron extendidos por cada ley de reforma sucesiva" (2005: 29).

Durante el siglo XIX latinoamericano, los procesos del autogobierno y la independencia, de la unificación nacional y constitución política estuvieron crecientemente marcados por el supuesto oligárquico de que los derechos políticos sólo pueden ejercerse cuando se cuenta con la debida independencia económica. De allí que los sectores más acomodados de la política regional terminaran desplazando a los sectores populares y promoviendo con éxito una serie de medidas restrictivas de la participación popular, como las calificaciones de propiedad, la exclusión de analfabetos, indígenas y afroamericanos, las exigencias censitarias para resultar candidato y las elecciones indirectas (Di Meglio, 2006; Gargarella, 2014: 102). Ahora bien, con el nuevo siglo, la afluencia migratoria, el crecimiento de clase trabajadora y la politización de la cuestión social terminarían por dar lugar a un ciclo de reformas políticas conducentes a la universalización del voto masculino. Y, durante la primera mitad del siglo XX, se extendería el voto a las mujeres, alcanzando hacia la década del '60 a todos los países de la región.

Ahora bien, esta universalización del voto fue paralela a una intermitencia crónica de los derechos políticos, vinculada con los sucesivos golpes militares y con recurrentes proscripciones y restricciones políticas. La situación cambiará con el ciclo de las transiciones a la democracia iniciado en la década de los '80. A partir de entonces, los derechos políticos aparecerán en el centro del debate académico y de la agenda pública. Durante la década de los '90, se generalizarán también las políticas de cupos y acciones afirmativas tendientes a aumentar la participación de mujeres en los cuerpos legislativos. Más recientemente, algunos países de la región han avanzado en el debate respecto del voto joven, reduciendo la edad mínima requerida para formar parte de los padrones, así como del voto de las poblaciones migrantes (Penchaszadeh y Sander, 2021: 107).

En este contexto, resulta habitual remarcar que, a partir de las transiciones a las democracia, nuestra región está caracterizada por un efectivo goce de los derechos políticos. A su vez, es también habitual señalar que el ejercicio de esos derechos políticos se ve sistemáticamente dificultado por la conculcación de los derechos civiles y sociales.

Muy tempranamente, Guillermo O'Donnell señala que, si bien las democracias resultantes de los procesos de transición presentaban rasgos delegativos, tales que quien gana las elecciones pareciera autorizado a gobernar como considere conveniente, lo cierto es que este déficit de republicanismo no llegaba a poner en riesgo el carácter democrático de los regímenes de la región (1997a: 292-293). A fin de cuentas, O'Donnell constata en las democracias latinoamericanas la presencia de aquellos requisitos que, conforme el análisis de Robert Dahl, hacen a un régimen poliárquico. E identifica incluso que los derechos políticos son observables tanto en las zonas de penetración funcional y territorial del Estado como en aquellas otras donde la presencia estatal está muchas veces cuestionada (1993b: 75).

Ahora bien, este diagnóstico relativamente optimista aparece habitualmente matizado por la situación de los derechos civiles y sociales. De manera categórica, O'Donnell identifica que "en muchas de las nuevas poliarquías, los individuos son ciudadanos en relación con la única institución que funciona a la manera prescripta por sus reglas formales: las elecciones. En el resto, sólo los miembros de una minoría privilegiada son ciudadanos plenos" (1997a: 328). Esta caracterización impresionista queda relativizada en cuanto comienza a evaluarse el modo en que el déficit de derechos civiles y sociales terminan por contaminar la vida política. Es que las libertades civiles y los derechos sociales, con la correlativa autonomía individual que suponen, constituyen una premisa básica de los derechos políticos. "Sin esta premisa, carecería de sentido aun la definición estrictamente política de la democracia, pues la autonomía y la igualdad de cada uno están presupuestas en el acto de elegir entre candidatos rivales y de computar cada voto como uno, independientemente de la condición social del votante" (1997c: 348).

En este contexto, O'Donnell introduce el concepto de "ciudadanía de baja intensidad", para dar cuenta de una situación en que la titularidad de derechos políticos no llega a ser ejercida plenamente, debido a la conculcación de derechos civiles y sociales. De igual parecer es Gerardo Aboy Carlés, quien sostiene que el ejercicio de los derechos políticos supone tanto la garantía de las libertades liberales (de movimiento, de opinión, de reunión, de petición ante las autoridades) como de "medidas que tiendan a combatir o atenuar la desigualdad social" (2014: 15). En suma, si bien los derechos políticos son identificados en la literatura como derechos universales y efectivos, muy pronto, se advierte que los déficits de libertades civiles y de derechos sociales amenazan con erosionar las condiciones de autonomía que están a la base de una participación política igualitaria.

— 4 —
Derechos sociales

En tercer lugar, Marshall introduce los derechos sociales: "por elemento social quiero significar toda la variedad desde el derecho a una medida de bienestar económico y seguridad hasta el derecho de compartir plenamente la herencia social y a llevar la vida de un ser civilizado según las pautas prevalecientes en la sociedad" (2005: 21). Relata Marshall que, previo a la emergencia de los derechos sociales, las políticas de asistencia eran incompatibles con la condición de ciudadano: se trataban "los reclamos de los pobres no como una parte integrante de los derechos del ciudadano sino como una alternativa a ellos, como reclamos que sólo se podían satisfacer si los peticionantes cesaban de ser ciudadanos en todo sentido verdadero de la palabra" (2005: 32). A partir del siglo XX, la emergencia del Estado de bienestar invalidará esta oposición entre ciudadanía y políticas sociales, incorporando derechos como la educación y la salud en el plexo jurídico del ciudadano (Polanyi, 2001).

Al tratar los derechos civiles y políticos hemos adelantado los déficits que la región presenta en términos de derechos sociales. Pobreza y desigualdad caracterizan un subcontinente en que la universalidad y la vigencia de los derechos sociales aparecen a cada paso contestadas. Interesa en este apartado dar cuenta del déficit de ciudadanía social en la historia y el presente de la región.

Durante la primera mitad del siglo XX, suceden en América Latina una serie de reformas institucionales y constitucionales que darán lugar a la emergencia de los sistemas de protección social característicos del Estado de bienestar. Si bien cada Estado adquiere sus características específicas, es posible identificar al bienestarismo latinoamericano con el modelo de Estado de bienestar corporativo, tal como delineado por Gøsta Esping-Andersen. Este modelo corporativo es uno de los tres tipos ideales delineados por Esping-Andersen a partir de un denso estudio de política comparada. Repasemos, a efectos de mayor claridad, la tipología propuesta por este comparatista.

El primer tipo o modelo construido por Esping-Andersen se identifica como "Estado de bienestar residual". Este modelo encuentra su fuente de inspiración en la economía neoclásica y en la filosofía moral liberal, y su caso prototípico, en los Estados Unidos de América. El mérito y el esfuerzo individual aparecen aquí como la única posibilidad de conciliar derechos sociales universales con el resguardo de las libertades individuales. Es este sentido, la cuestión social es definida en los términos de un déficit de proletarización: es que se entiende que las situaciones de vulnerabilidad social están vinculadas a la exclusión del mercado de trabajo. En este sentido, el Estado debe orientarse a la acción focalizada sobre situaciones de vulnerabilidad moralmente inaceptables, permitiendo en los restantes casos la regulación de los derechos sociales por el mercado. Aldo Isuani y Daniel Nieto explican que, conforme esta perspectiva, "el mercado de trabajo siempre es el mejor mecanismo para asignar recursos de acuerdo con el 'mérito' y la 'productividad' y, por lo tanto, la acción estatal sólo debe estar dirigida a los grupos sociales que por alguna razón presentan dificultades para insertarse laboralmente" (Isuani y Nieto, 2002: 2).

El segundo modelo o tipo ideal elaborado por Esping-Andersen es el del "Estado de bienestar corporativo". Este segundo modelo, reconocible en los países de Europa continental, puede derivarse del diagnóstico durkheimiano respecto de la disolución de los vínculos de la solidaridad mecánica, fruto de la moderna división social del trabajo. Es que el proceso de modernización quiebra los lazos de solidaridad mecánicos que brindaban estabilidad subjetiva y garantizaban el orden social. Ante esto, la solidaridad orgánica aparece como un remedo con se procura la seguridad e integración en el marco de las sociedades modernas. Esta comprensión da origen a la tradición corporativa del Estado de bienestar, donde la pertenencia a colectivos socio-ocupacionales resulta el medio de integración de los individuos y de articulación de las protecciones sociales.

> El modelo corporativo se expresa en el aseguramiento frente al riesgo social de los trabajadores organizados por categorías ocupacionales. La asignación de derechos presupone la participación en la relación laboral y en la organización del núcleo familiar. (Isuani y Nieto, 2002: 4)

El tercer modelo, característico de los países escandinavos, es el del "Estado de bienestar universal". Conforme este modelo, inspirado precisamente en la propuesta de Marshall, los derechos de ciudadanía no deben presuponer ningún requisito adicional, sino que es la mera pertenencia a una comunidad política lo que determina el deber de asegurar derechos iguales para todas las personas. El modelo universal se propone socializar la gestión del riesgo social, otorgando coberturas generales a todos los ciudadanos, con independencia de su situación ante el mercado y ante el mundo del trabajo.

Ahora bien, en los países latinoamericanos, es posible observar la convergencia de los tres modelos, pero en diferentes medidas. En el caso argentino, por ejemplo, el Estado de bienestar durante el siglo XX se ha articulado de manera corporativa, esto es, sobre la base de la adscripción de los jefes de hogar a diversos colectivos de trabajo. La excepción aquí está dada por los sistemas de salud y educación públicos, que han respondido al modelo universal.

Ahora bien, el modelo corporativo tiene por supuesto una sociedad de pleno empleo. Allí donde (tendencialmente) todos son trabajadores, la vinculación de derechos sociales a la condición de trabajador implica una titularización (tendencialmente) universal. En este sentido, Maristella Svampa señala que "en el marco del fordismo, la ciudadanía social [estaba] asociada, esencialmente, al trabajo formal y, a su vez, [era] garantizada por las políticas universalistas; la intervención del Estado [tendía] a 'desmercantilizar' una parte de las relaciones sociales y a construir una 'solidaridad secundaria' por medio de prestaciones públicas sociales, a favor de los sectores desfavorecidos en la confrontación capital-trabajo" (2006: 10). De esta manera, la obtención de los derechos de ciudadanía estaba históricamente vinculada a la condición de trabajador y al desarrollo del Estado de bienestar. Ahora bien, la historia latinoamericana evidencia un obstáculo estructural, vinculado con una modernización económica inacabada, caracterizada por asincronías, arcaísmos y encabalgamientos. Es decir, la penetración diferencial de las relaciones económicas capitalistas en el interior de los países latinoamericanos dio lugar a una formación económica y social heterogénea, donde la figura del trabajador fordista ha sido siempre un fenómeno particular y no universalizable. En este sentido, la discusión sobre la marginalidad latinoamericana, inaugurada por José Nun hacia fines de los '60, permitió señalar obstáculos estructurales a los procesos de igualación ciudadana. Mediante una relectura de los *Grundrisse* marxianos, Nun propone criticar la asociación directa entre los conceptos de "masa marginal" y "ejército industrial de reserva". Esta asociación directa llevaba a pensar que todas las personas marginadas son funcionales al sistema capitalista, pues presionan sobre el mercado de trabajo, permitiendo reducir salarios, al tiempo que permiten cubrir los puestos vacantes en los momentos expansivos del ciclo económico. Ahora bien, mediante una sutil hermenéutica del texto marxiano y una observación atenta de las sociedades latinoamericanas, Nun concluye que gran parte de la "población excedente" de América Latina está tan alejada de las posibilidades de obtener un trabajo formal que resultaba "simplemente irrelevante para el sector hegemónico de la economía" (2003b: 265). El posterior desarrollo del capitalismo posfordista vino a cuestionar aún más la funcionalidad de los marginados, consolidando la exclusión de aquellos que quedan fuera y alzando las barreras para su incorporación. En suma, la asociación entre derechos de ciudadanía y condición de trabajador, propia del modelo de Estado de bienestar corporativo, evidencia déficits estructurales en una región en la cual el trabajo formal nunca llegó a tener pleno alcance.

Ahora bien, contra este fondo histórico, el ciclo de los gobiernos neoliberales de la última década del siglo XX viene a agravar las condiciones sociales de la región, al adoptar reformas en los sistemas de protección social en línea con el modelo residual y mercantil descrito por Esping-Andersen. Con el cambio de siglo, la conjunción de un ciclo económico expansivo y la generalización de gobiernos considerados de izquierda, progresistas o nacional-populares han dado lugar a significativas mejoras en las protecciones y en el goce efectivo de los derechos sociales. En primer lugar, los países de la región han adoptado políticas masivas de transferencias monetarias a los hogares más postergados, acompañadas de condicionamientos de vacunación y escolarización de las personas menores de edad. Tal como informan Gabriel Kessler y Gabriela Benza, estas políticas, acompañadas en muchos casos por la extensión y reforzamiento de las jubilaciones y pensiones no contributivas, han dado lugar a una significativa reducción de la pobreza y, en menor medida, de la desigualdad (2021: 53 y ss.). Paralelamente, la expansión económica de los primeros tres lustros del siglo XXI, acompañada en muchos casos por políticas de promoción de la industria y el mercado interno, ha dado lugar a una masiva creación de puestos de trabajo y a un significativo aumento de la participación de la clase trabajadora en los ingresos. Al mismo tiempo, Kessler y Benza observan en el período avances en la cobertura educativa, en los indicadores de salud y en el acceso a la vivienda. En estos casos, sin embargo, persisten fuertes desigualdades en términos de la calidad de la educación, del acceso igualitario a prestaciones de salud y de las condiciones de habitabilidad en contextos de fuerte segregación socio-urbana (2021: 132).

Ahora bien, a partir de la segunda década del nuevo siglo, el fin del ciclo económico expansivo, acompañado en varios casos por el cambio de signo político de los gobiernos, implicó una ralentización o detención de los avances regionales en materia social. En este contexto, la pandemia de la COVID-19 implicó para América Latina un brutal retroceso en términos de derechos sociales. Los déficits habitaciones, el hacinamiento urbano, la sobreexposición de los trabajadores informales y los déficits en la cobertura de salud generaron condiciones propicias para que la enfermedad encontrara en América Latina uno de sus epicentros (2021: 138). Si bien los efectos económicos y sociales de las diversas medidas de confinamiento intentaron ser paliados con transferencias monetarias a los sectores más afectados, el carácter fragmentario y episódico de estas medidas no llegó a contrarrestar los efectos sociales tremendos de la contracción económica generada por la pandemia (2021: 152). Concluido el bienio pandemita, Kessler y Benza advierten sobre el "efecto cicatriz" que producirá en las poblaciones más postergadas

 La vida pública de las palabras

la súbita expulsión educativa y laboral generada durante la pandemia (2021: 169).

— 5 —
Nuevos derechos, derechos renovados

Hacia fines del siglo pasado, la reflexión sobre la ciudadanía se ve renovada por la emergencia de nuevos reclamos en torno a derechos que parecieran poner en cuestión la tipología marshalliana, cuando no su conceptualización de conjunto. En este sentido, los derechos de las minorías culturales y étnicas, los derechos ambientales y de los consumidores, así como los derechos de mujeres y disidencias sexuales generan desafíos y cuestionamientos a la conceptualización marshalliana. Veamos.

En primer lugar, el impacto de los movimientos indígenas y afroamericanos en la región ha configurado un campo prolífico de reflexiones y prácticas respecto de la ciudadanía. Según indica Elizabeth Jelin,

> ...las tendencias que se manifiestan en América Latina en la década de los '90 indican un crecimiento/emergencia de movimientos indígenas que reivindican su "derecho a la identidad" y a la participación en la sociedad global, vinculados en una densa red internacional. También una búsqueda de reconocimiento de identidades nacionales, especialmente entre los negros en Brasil y entre las diversas comunidades "latinas" de los Estados Unidos. Estas reivindicaciones de identidades diferentes se desarrollan en el contexto de sociedades nacionales y de Estados que formalmente aceptan la igualdad ciudadana, que es también reclamada por estos movimientos. Esta dialéctica entre la igualdad ciudadana y el pluralismo cultural plantea nuevas tensiones y dilemas sociales y políticos. (2020a: 1055)

Un artículo ya clásico, Will Kymlicka y Wayne Norman toma nota de estas tensiones y dilemas. Allí los autores identifican que estos movimientos articulan tres tipos de reivindicaciones de derechos, a saber: derechos especiales de representación, derechos de autogobierno y derechos multiculturales, vinculados con el reconocimiento de la propia identidad. Agrega Jaime Márquez Calvo que, en el caso de los países andinos, "esta demanda comprende no sólo un reclamo por derechos fundamentales (derecho a la vida, la libertad personal, la integridad física, etc.) sino también por el reconocimiento de importantes derechos colectivos: territorios, cultura propia, manejo de recursos naturales, reconocimiento como pueblos, etc." (2003: 32).

Ahora bien, estas demandas de "ciudadanía diferenciada" plantean serios desafíos a la conceptualización marshalliana de la ciudadanía. Desde la perspectiva que venimos de revistar, la ciudadanía es, por definición, un estatus igual a todos los miembros de una comunidad política en tanto miembros. Esta igualdad de base es lo que distingue a la ciudadanía contemporánea respecto de las formas premodernas de adscripción, que reconocían derechos diferentes en función de las diferentes pertenencias a estamentos, corporaciones y consociaciones específicas. En este sentido, las movilizaciones contemporáneas en torno al derecho a ser reconocido como diferente entran en cortocircuito con la igualdad que está a la base del concepto de ciudadanía. "La organización de la sociedad sobre la base de derechos o pretensiones derivadas de la pertenencia a determinado grupo se opone tajantemente al concepto de sociedad basado en la idea de ciudadanía. Esto explica por qué la idea de ciudadanía diferenciada es percibida como una inflexión radical de la teoría de la ciudadanía" (Kymlicka y Norman, 1997: 28).

En este sentido, Jelin identifica que, después de décadas de debate, el tema de la diversidad cultural ha comenzado a ser abordado de otra manera. Si bien la idea original de la ciudadanía estaba orientada por una visión individualista de los derechos, de manera creciente el eje pasa a las comunidades: "Hablar de derechos culturales es hablar de grupos y comunidades colectivas: el derecho de sociedades y culturas (autodefinidas como tales) a vivir en su propio estilo de vida, a hablar su propio idioma, usar su ropa y perseguir sus objetivos, y su derecho a ser tratadas justamente por las leyes del Estado Nación en que les toca vivir (casi siempre como minorías). El surgimiento de las reivindicaciones de derechos de los pueblos indígenas basadas en criterios de etnicidad constituye un campo novedoso donde estas cuestiones están siendo discutidas" (2020b: 306-307).

Precisamente, uno de los desafíos más ingentes al concepto de ciudadanía es planteado por la emergencia de reclamos en torno a derechos que no se atribuyen a cada individuo en particular sino a conglomerados poblacionales. En este mismo sentido, los derechos ambientales o los derechos de los consumidores han sido proble-

  La vida pública de las palabras

matizados como derechos que merecen un tratamiento diferente pues, allí donde resultan conculcados, no es el ciudadano individual sino la población en su conjunto la que resulta afectada. Estos derechos, considerados "difusos" desde la perspectiva que identifica "nitidez" con "individualidad", han sido recogidos por diversas reformas constitucionales, que han previsto también la posibilidad de reclamaciones colectivas o de clase (Gargarella, 2014: 354). Ahora bien, respecto de los derechos ambientales, Gabriela Merlinsky señala que, en nuestra región, el mayor peso del daño ecológico resulta habitualmente trasladado a "las mujeres, los grupos sociales de baja renta, las comunidades campesinas y los grupos indígenas", lo que obliga a pensar conjuntamente los desafíos de la igualdad social y de la justicia ambiental (2021: 111).

En tiempo reciente, la idea de derechos que no tienen por sujeto a los ciudadanos, sino a colectivos y grupos, se ha extendido a la reflexión sobre los derechos de los pueblos. En esta línea, Eduardo Rinesi ha reflexionado, por ejemplo, sobre un derecho a la universidad, que no solo implica el derecho social de cada individuo a la educación superior sino también el derecho de los pueblos a contar con universidades que produzcan saberes que contribuyan a su desarrollo (2020: 147).

En línea similar, con el nuevo siglo la discusión sobre el alcance de los derechos se ha extendido a los animales no humanos, así como a los ríos, los ecosistemas y la naturaleza en general. En este sentido, las reformas de la Constitución ecuatoriana de 2008 y boliviana de 2009 han sido pioneras en el reconocimiento de los derechos de la naturaleza, lo que implica desafíos teóricos y políticos de hondo calado (Merlinsky, 2021: 125).

Esta vista panorámica de las luchas por los derechos en el siglo XXI sería incompleta si no diéramos cuenta del movimiento de mujeres y disidencias sexuales. Es que, al creciente protagonismo de las mujeres en los movimientos sociales sucedió, en la segunda década del siglo, el protagonismo del movimiento de mujeres. Cierto es que el movimiento feminista tiene larga data. En su genealogía, Daniela Lossigio recupera cuatro olas: una primera ola, vinculada con la lucha por derechos ciudadanos iguales para varones y mujeres; una segunda ola, vinculada con la reivindicación del sexo y la sexualidad femeninas ante las formas de dominación masculinas o falocéntricas; una tercera ola, crítica del binarismo masculino/femenino, que apunta a la articulación con las disidencias sexuales propias del movimiento LGBT+; y una cuarta ola, asociada con las perspectivas del poshumanismo y con las innovaciones del giro afectivo y los nuevos materialismos. En su análisis del movimiento de mujeres y disidencias sexuales en Argentina, Malena Nijensohn ha enfatizado que la pluralidad de las luchas y las reivindicaciones impide hablar del feminismo como un movimiento unitario: más bien, estamos siempre ante una pluralidad de feminismos, que convocan a la pregunta por su articulación. Ante esto, Nijensohn indica que aquello que permite articular a los diversos feminismos es la precaridad o precariedad, esto es, la fragilidad común a todos los cuerpos humanos que, en el caso de mujeres y disidencias sexuales, implica su exposición a diversas formas de violencia física, económica y simbólica (2021: 37-38).

Cabe preguntarse aquí si estos feminismos implican la postulación de una nueva conceptualización de la ciudadanía con nuevos derechos ciudadanos, o si exigen más bien la efectiva universalización de derechos ciudadanos para todas y todos. Una revista de las reclamaciones del movimiento de mujeres y disidencias sexuales permite reconocer la reactivación de una agenda de derechos civiles, vinculados con la integridad física y la autonomía personal. Las luchas contra la violencia de género y en torno a la interrupción voluntaria del embarazo responden en gran medida a esta agenda. De similar modo, el derecho a la identidad de género y al matrimonio igualitario remiten también a la autonomía de las personas en lo relativo a sus cuerpos, placeres, afectos e identidades. También pueden reconocerse reclamaciones vinculadas con los derechos políticos, allí donde se exige la conformación paritaria de gabinetes, legislativos y tribunales de justicia, así como de las representación colegiadas en sindicatos, universidades y demás organizaciones. Muchas de las reclamaciones de mujeres y disidencias sexuales responden también a la agenda los derechos sociales, tanto en lo relativo al reconocimiento del trabajo doméstico y las tareas del cuidado, como en lo relativo a los techos de cristal, los cupos trans y a los derechos jubilatorios de mujeres. Si este apretado panorama resulta adecuado, podría concluirse que el protagonismo del movimiento de mujeres implica, más que la postulación de nuevos derechos, una renovación de la lucha por los derechos civiles, políticos y sociales, orientada a la exigencia de su efectiva universalización.

Ahora bien, hay que decir que, desde el vamos, Marshall tuvo conciencia de la provisionalidad de su tipología: nuevas coordenadas históricas y nuevas luchas sociales darían lugar a nuevos derechos. En este sentido, la era informacional de la que somos contemporáneos ha traído a primer plano los efectos de desigualdad y exclusión derivados de la brecha digital, así como los riesgos vinculados con la extracción y manipulación de datos personales (Costa, 2021: 157 y ss.). El bienio pandémico de 2020-2021 catalizó estos procesos de aceleración tecnológica e hizo aún más evidente que la conectividad a internet constituye hoy un derecho ciudadano, inconcebible para el siglo XX (Kessler y Benza, 2021: 158). De allí que el nuevo orden informacional en que nos toca vivir exige actualizar nuestra reflexión sobre los derechos civiles (en vista de las nuevas formas de la vulnerabilidad a que se exponen las personas en la era digital), sobre los derechos políticos (en un contexto de crecientes discusiones sobre la militancia virtual, el voto electrónico y el gobierno digital) y sobre los derechos sociales (siendo que la inclusión social es hoy inimaginable sin conectividad).

En suma, la activa movilización social en la América Latina presenta reclamaciones vinculadas con la extensión y enriquecimiento de los derechos civiles, políticos y sociales, así como reclamaciones por nuevos derechos, que cuestionan los supuestos de base del concepto marshalliano. Habrá quien señale una paradoja en el hecho de que la gramática de los derechos iguales se expanda en un país y una región caracterizados por desigualdades tan profundas. No faltará quien contraponga que, mientras nuestro país y nuestra región sigan atravesados por tan ingentes desigualdades, resultará comprensible que los conflictos y reclamaciones sociales sigan cifrándose en términos de luchas por los derechos.

Referencias bibliográficas

Abdo Ferez, Cecilia (2021). *La libertad.* Los Polvorines: UNGS.

Aboy Carlés, Gerardo (2016). Populismo y democracia liberal. Una tensa relación. *Identidades*, dossier 2, año 6.

Arendt, Hannah (2006). *Los orígenes del totalitarismo*. Madrid: Alianza Editorial.

Barros, Mercedes (2009). Democracia y derechos humanos: dos formas de articulación política en Argentina. *E-l@tina. Revista electrónica de estudios latinoamericanos, 8* (29).

Costa, Flavia (2021). *Tecnoceno*. Buenos Aires: Taurus.

Dahl, Robert (1989). *Poliarquía*. Buenos Aires: Rei.

Di Meglio, Gabriel (2006). *¡Viva el bajo pueblo! La plebe urbana de Buenos Aires y la política entre la revolución de mayo y el rosismo*. Buenos Aires: Prometeo.

Esping-Andersen, Gøsta (1993). *Los tres mundos del estado de bienestar*. Valencia: Alfons El Magnànim.

Foucault, Michel (1999). ¿Qué es la ilustración?. En *Estética, ética y hermenéutica*. Buenos Aires: Paidós.

Gargarella, Roberto (2014). *La sala de máquinas de la Constitución*. Buenos Aires: Katz.

Isuani, Aldo y Nieto Michel, Daniel (2002). La cuestión social y el Estado de Bienestar en el mundo post-keynesiano. *Revista Reforma y Democracia*, *22*, CLAD, Caracas.

Jelin, Elizabeth (2020a). ¿Ciudadanía emergente o exclusión? En *Las tramas del tiempo*. Buenos Aires: CLACSO.

—— (2020b). ¿Ante, de, en, y? Mujeres y derechos humanos. En *Las tramas del tiempo*. Buenos Aires: CLACSO.

Kessler, Gabriel y Benza, Gabriela (2021). *La ¿nueva? estructura social latinoamericana*. Buenos Aires: Siglo Veintiuno.

Kymlicka, Will y Norman, Wayne (1997). El retorno del ciudadano. una revisión de la producción reciente en teoría de la ciudadanía. *La Política: Revista de estudios sobre el estado y la sociedad*, *3*, 5-40.

Lesgart, Cecilia (2003). *Los usos de la transición a la democracia*. Rosario: Homo Sapiens.

Márquez Calvo, Jaime (2003). (Des)igualdades ante la ley. Reivindicaciones étnicas y derechos humanos en la lucha por una ciudadanía indígena. En Waldo Ansaldi (Comp.), *Ciudadanía(s). Documento de trabajo 3, Serie Mayor*. Buenos Aires: UDISHAL/UBA.

Marshall, Thomas H. (2005). *Ciudadanía y clase social*. Buenos Aires: Losada.

Merlinksy, Gabriela (2021). *Toda ecología es política*. Buenos Aires: Siglo Veintiuno.

Nijensohn, Malena (2021). *La razón feminista*. Buenos Aires: Cuarenta Ríos.

Nun, José (2000). *Democracia: ¿gobierno de los políticos o gobierno del pueblo?*. Buenos Aires: Fondo de Cultura Económica.

—— (2003a). La teoría de la masa marginal. En José Nun (Comp.), *Marginalidad y exclusión social*. Buenos Aires: Fondo de Cultura Económica.

—— (2003b). Nueva visita a la teoría de la masa marginal. En José Nun (Comp.), *Marginalidad y exclusión social*. Buenos Aires: Fondo de Cultura Económica.

O'Donnell, Guillermo (1993a). Acerca del estado, la democratización y algunos problemas conceptuales. *Desarrollo Económico*, *33* (130), 163-184.

—— (1993b). Estado, democratización y ciudadanía. *Revista Nueva Sociedad*, 128, 62-87.

—— (1997a). ¿Democracia delegativa?. En *Contrapuntos. Ensayos escogidos sobre autoritarismo y modernización*. Buenos Aires: Paidós.

—— (1997b). Otra institucionalización. En *Contrapuntos. Ensayos escogidos sobre autoritarismo y modernización*. Buenos Aires: Paidós.

—— (1997c). Pobreza y desigualdad en América Latina: algunas reflexiones políticas. En *Contrapuntos. Ensayos escogidos sobre autoritarismo y modernización*. Buenos Aires: Paidós.

—— (2004). Acerca del estado en América Latina contemporánea: diez tesis para su discusión. En *La democracia en América Latina. Hacia una democracia de ciudadanos y ciudadanas*. Buenos Aires: PNUD.

Penchaszadeh, Ana y Sander, Joanna (2021). Ciudadanías migrantes en Argentina. En Ariel Lugo y Mercedes Oraisón (Comps.), *Ciudadanías alternativas*. Paraná: La Hendija.

Polanyi, Karl (2001). *La gran transformación*. México: Fondo de Cultura Económica.

Selci, Damián (2018). *Teoría de la militancia.* Buenos Aires: Cuarenta Ríos.

Schwarzböch, Silvia (2016). *Los espantos. Estética y posdictadura.* Buenos Aires: Las Cuarenta y El río sin orillas.

Svampa, Maristella (2006). Citoyennete, État et mondialisation: un regard à partir de l'Argentine contemporaine. En Pascale Phelinas et al. (Comps.), *Travail, intégration monétaire et Mondialisation.* Paris: L'Harmattan.

Tatián, Diego (2015). Contemporáneos. *Página/12*, 24/11/2015, Buenos Aires.

Vezzetti, Hugo (2002). *Pasado presente.* Buenos Aires: Siglo Veintiuno.

CAPÍTULO 2

Decisionismo

— 1 —
El decisionismo schmittiano

Pocos conceptos de la teoría política resultan tan inmediatamente expresivos como el de decisionismo. Su connotación es de una evidencia tal que pareciera eximir de la necesidad de una denotación precisa. Claro que la pregnancia del concepto puede deberse a la magnitud histórica de los fenómenos a los que alude, tanto como a la magnitud de los prejuicios que despierta. Cualquiera sea el caso, es en virtud de esta pregnancia que el decisionismo ha resultado de utilidad para el debate político polémico. El discurso especializado de la teoría y la ciencia exige, en cambio, una delimitación conceptual precisa. En lo que sigue, se propone un abordaje del decisionismo movido por esta exigencia. Esto, por vía de la restitución de la relación evidente, pero no pocas veces soslayada, entre los conceptos de decisionismo y decisión. Partimos de la sencilla constatación de que no puede comprenderse qué es el decisionismo sin antes comprender qué es una decisión. Añadimos que no puede haber comprensión del problema del decisionismo sin haber comprendido antes el carácter problemático de toda decisión.

Al acuñar el término decisionismo [*Dezisionismus*], Carl Schmitt no se adjudica ninguna originalidad. Más bien, con la introducción de este término en su *Teología política* de 1922, alude Schmitt a un tipo de pensamiento que se remonta a los comienzos de la modernidad política, esto es, a Thomas Hobbes. Según Schmitt, Hobbes expresa "la conciencia científica de la peculiaridad normativa de la decisión jurídica" (Schmitt, 2001: 41) o la conciencia del hecho de que los preceptos jurídicos derivan de decisiones que no pueden derivarse a su vez de preceptos jurídicos, sean estos positivos o suprapositivos. El derecho no surge de la trasposición de leyes naturales (*veritas facit legem*), ni brota por generación espontánea (*lex facit legem*), sino que deriva de la autoridad (*auctoritas facit legem*). Es decir, el derecho cobra realidad en virtud de la intervención de autoridades que toman decisiones: en virtud de la decisión administrativa y judicial, que aplica la norma positiva al caso particular; de la decisión legislativa, que convierte el ideal jurídico en precepto legal vigente; y de la decisión política, que garantiza la persistencia del orden jurídico en su conjunto.

Esta preeminencia de la decisión sobre la norma se expresa en toda su pureza en los momentos críticos, en aquellas situaciones excepcionales en las que el orden jurídico en su conjunto se encuentra amenazado. Estas situaciones excepcionales exigen tomar medidas excepcionales, medidas no previstas en el ordenamiento jurídico vigente e incluso reñidas con sus preceptos. Si el legislador pudiera prever el caso de gravedad y establecer de antemano las medidas necesarias ante su eventualidad, estaríamos ante una situación grave pero no ante una situación de excepción. La excepción supone, por su misma definición, la imposibilidad de conocerla o anticiparla por medio de la regla: la excepción suspende el "cánon gnoseológico" (Dotti, 1996: 130). La declaración del estado de excepción supone así el despliegue de una facultad que no puede estar limitada por las previsiones de la norma, una facultad que actúa suspendiendo la vigencia de las leyes para garantizar el orden en que las leyes se asientan. Schmitt sostienen que entonces "la decisión se libera de toda obligación normativa y se vuelve absoluta" (Schmitt, 2001: 27). El estado de excepción suspende el derecho para garantizar el orden. De allí colige que la excepción es más interesante que el caso normal: "lo normal no demuestra nada, la excepción lo demuestra todo; no solo confirma la regla, sino que la regla vive gracias a ella" (Schmitt, 2001: 29). La excepción ostenta así una potencia heurística privilegiada, que permite comprender la peculiaridad normativa de la decisión, identificando tres características.

En primer lugar, la decisión es autónoma respecto de la norma, en el sentido en que no puede deducirse plenamente del contenido del precepto jurídico. Esto se demuestra con toda pureza en las situaciones excepcionales, en las que la decisión se autonomiza absolutamente de la norma y manifiesta plenamente su componente constitutivo. El caso excepcional demuestra que toda decisión jurídica surge de la necesidad de dar una regla, necesidad que es indiferente al contenido de la regulación. En las situaciones normales, la independencia de la decisión respecto de la norma se reduce a un mínimo, pero la decisión preserva un componente constitutivo, no deductible de la norma. En suma, la decisión no surge de la norma: "En términos normativos, la decisión surge de la nada" (Schmitt, 2001: 40).

En segundo lugar, la decisión apunta a normalizar la situación, a crear una situación normal. "Toda norma general requiere una organización normal de las condiciones de vida a las que debe aplicarse de forma concreta" (Schmitt, 2001: 28). La norma necesita un "medio homogéneo" para poder aplicarse y es en virtud de la decisión que este medio se produce y reproduce. Así como, en condiciones normales, la decisión jurídica contribuye a conservar esa normalidad fáctica, en condiciones excepcionales, la decisión excepcional garantiza el tránsito desde la situación excepcional hacia la situación normal. "En términos absolutos, el caso de excepción existe cuando apenas ha de crearse la situación en que los preceptos jurídicos pueden valer" (Schmitt, 2001: 28).

En tercer lugar, la decisión es personal, en el sentido en que la actividad de decidir recae siempre sobre una persona natural. Ante la excepción, la persona que decide es soberana. Esto es decir que el soberano se reconoce como aquel que declara el estado de excepción y que toma las medidas necesarias a efectos de su superación. En este sentido, la aplicación del concepto de soberanía equivale a la identificación del sujeto que decide sobre la excepción: "la pregunta [por la soberanía] gira siempre en torno al sujeto de la soberanía" (Schmitt, 2001: 26). El caso excepcional da a ver, gracias a la decisión, quién es la autoridad suprema, revelando así una característica esencial de toda decisión jurídica, a saber, su entronque con las ideas de personalidad y autoridad. La excepción expone, de este modo, tres características esenciales de toda decisión, a saber, su autonomía respecto de la norma, su orientación normalizadora y ordinativa, y su carácter personal.

En virtud de esta insistencia en la potencia heurística de la decisión excepcional, la obra de Carl Schmitt en su conjunto fue muy pronto caracterizada de decisionista y el propio Schmitt, erigido en padre del decisionismo. Particular importancia tuvo, en este decurso, la temprana crítica de Karl Löwith al "decisionismo ocasional" de Schmitt. En 1935, Löwith sostuvo que "Schmitt defiende (...) una política de la decisión soberana, para la cual el contenido, sin embargo, solo es producto de la *occasio* contingente de la situación política del momento" (2006: 53). Con esto, Löwith inscribió el decisionismo schmittiano en la serie de irracionalismos románticos de entreguerras, movidos por el "*pathos* de la decisión en favor de la pura decisividad" (2006: 55). Indica Löwith que, si bien Schmitt manifiesta claras afinidades con filósofos católicos contrarrevolucionarios como Donoso Cortés, adhiriendo a la "decisión indiscutible" y elogiando la relevancia histórica de la "dictadura política", lo cierto es que, al afirmar que la decisión "surge de la nada", Schmitt va más allá de todo contenido —católico, teológico o del tipo que sea. Así, su decisionismo puramente formal, que se arroja a la decisión sin importar su contenido, deriva en un nihilismo activo y belicista, que no solo fue incapaz de contener, sino que incluso preparó el camino a la revolución nihilista de Hitler (2006: 52-55, 77). De este modo, las caracterísiticas de la decisión schmittiana parecen mostrar su verdadero rostro. La autonomía de la decisión respecto de todo contenido normativo se traduce en un formalismo nihilista. La orientación normalizadora de la decisión, determinada por la situación concreta, se traduce en ocasionalismo, esto es, en acomodación oportunista a las diversas contingencias. Por último, la esencia personal de la decisión se resume en *Führerprinzip*. La interpretación de Löwith se ha convertido en medida no desdeñable en la caracterización canónica del pensamiento de Schmitt (Marramao, 1981: 70; Peñalver Gómez, 1996: 144); caracterización que hace del nihilismo, el oportunismo y el autoritarismo los rasgos definitorios del decisionismo schmittiano; que hace del decisionismo schmittiano la clave de inteligibilidad de toda su obra; y que hace de Schmitt el padre de todo decisionismo.

— 2 —

El decisionismo democrático

Ahora bien, el decisionismo no solo funge de clave de inteligibilidad de la obra de Schmitt. En la Argentina democrática, el decisionismo ha resultado también de especial fertilidad a efectos de la reflexión sobre la historia reciente y la actualidad política. En vista de su pretendida relevancia para la comprensión de los fenómenos políticos más próximos, ganar definición conceptual sobre este término es de interés prioritario. Ahora bien, al considerar la literatura disponible, resulta difícil establecer el género al que el decisionismo pertenece. El decisionismo es definido como una estrategia gubernamental (Bosoer y Leiras, 1999: 108; Leiras, 2011: 159), un recurso institucional (Novaro, 2007: 202), un estilo político (Iazzetta, 2007: 145; Bosoer y Leiras, 1999: 108; Leiras, 2011: 159), una técnica de poder o dominación (Flax, 2004: 17; 2001: 177), una práctica de gobierno (Quiroga, 2005: 111), un nuevo carácter gubernativo (Leiras, 2011: 159), un nuevo modelo estatal (Bosoer y Leiras, 1999: 108), una teoría política (Bosoer, 2000: 119), una doctrina legal, ético-política y filosófica (Negretto, 1996: 63) o una filosofía del Estado (Quiroga, 2005: 110). Esta variación al momento de establecer el género del decisionismo no solo es expresiva de las distancias entre un autor y otro: incluso un mismo autor puede oscilar con relativa despreocupación entre una y otra definición. Pareciera que el carácter ostensiblemente decisionista de la experiencia política reciente eximiera de una definición precisa.

Algo más estable resulta la determinación de la diferencia específica del tipo decisionista. Sin demasiada dispersión, la literatura remite, más que menos, a cuatro rasgos distintivos: la concentración del poder decisorio en la figura presidencial; la consiguiente autonomización del poder ejecutivo respecto de los demás poderes públicos (centralmente, respecto del poder legislativo y los órganos de control); esto, mediante el empleo de recursos excepcionales (decretos de necesidad y urgencia, y delegación de facultades extraordinarias); justificados, por último, en la apelación a situaciones de emergencia. En líneas generales, el decisionismo se presenta como un concepto equivalente al de "democracia delegativa" acuñado por Guillermo O'Donnell (1997); el aporte específico del concepto de decisionismo sería el de remarcar la apelación de las autoridades a situaciones de excepción y a recursos de emergencia. De allí que la práctica decisionista se identifique como correlato del pensamiento de Carl Schmitt.

Hay coincidencia en indicar el efecto lesivo del decisionismo en términos de legitimidad democrática, presentándolo como una expresión política reñida con las normas e instituciones (Bosoer y Leiras, 1999: 109; Leiras, 2011: 159, 166), con el constitucionalismo (Bosoer y Leiras, 1999: 116; Negretto, 1996: 80), con el Estado de derecho (Quiroga, 2001: 178; 2005: 111, 311; Flax, 2011: 176, 183; Novaro, 2011: 203), con los principios republicanos (Iazzetta, 2007: 142; Novaro, 2011: 203) y, en general, con las reglas de juego (Novaro, 2011: 203). Sin embargo, ninguno de los autores censados concluye en la condena taxativa de toda decisión excepcional. Más bien, todos ellos reconocen que situaciones excepcionales pueden exigir medidas excepcionales, y que hay casos en los que la estricta observancia de la ley tendría efectos destructivos. Así, estos autores se distancian de un puro normativismo, que concebiría un orden jurídico eximido de toda decisión, asentado en la máxima del *fiat justitiam, pereat mundus*. Pero se distancian también del puro decisionismo, que haría del estado de excepción un recurso permanente, aniquilando toda norma. Expresemos esto con la siguiente imagen. Entre sostener que en ningún momento las ambulancias pueden infringir las leyes de tránsito y sostener, al contrario, que las ambulancias pueden infringir las leyes de tránsito en todo momento, surge una posición intermedia, que sostiene que solo en casos de emergencia las ambulancias pueden obviar las regulaciones a las que deben atenerse en todo otro momento. Queda así delineado un continuo entre el puro normativismo (impotente en momentos excepcionales) y el puro decisionismo (omnipotente en todo momento); y este continuo así delineado permite ponderar los equilibrios legítimos y los abusos decisionistas.

El supuesto que opera a la base de esta extendida caracterización del decisionismo es el del antagonismo entre la norma y la decisión, entre el imperio de la ley y la discrecionalidad de las autoridades. Este antagonismo supone un juego de suma cero tal que todo ámbito sometido a la norma es ámbito sustraído de la decisión, y viceversa. Ahora bien, sostenemos que este antagonismo entre norma y decisión se asienta en una aproximación superficial al problema de la vigencia de la norma. Precisamente, lo que esta caracterización pierde de vista es que las normas no se aplican por sí solas. Más bien, las normas se dictan y se aplican a partir de sanciones legislativas, sentencias judiciales, resoluciones administrativas... en suma: las normas rigen en virtud de actos jurídicos que en sí mismos constituyen decisiones. En cuanto se asume que la vigencia de la norma es producto de decisiones, ya no es posible sostener el antagonismo entre norma y decisión; si de distinciones se trata, habrá de distinguirse entre decisiones tomadas en situaciones normales y decisiones tomadas en situaciones excepcionales. La posibilidad de hablar de decisiones normales exige tomar conciencia de la "peculiaridad normativa de la decisión". Precisamente, esto es, para Schmitt, lo que define al pensamiento decisionista.

En lo que sigue, intentaremos demostrar que, si bien Schmitt sostiene la omnipresencia de la decisión al interior del orden jurídico y la preeminencia heurística de lo excepcional sobre lo normal, esto no implica que, para Schmitt, la decisión excepcional haya de ser normal y omnipresente. La recurrencia de este *non sequitur* se explica en gran medida en el hecho de perder de vista la peculiaridad normativa de la decisión. Esto nos obliga a volver sobre la noción de decisión. Solo tras ganar claridad sobre el sentido de juzgar y decidir, podremos saber lo que decimos cuando hablamos de decisionismo.

— 3 —
La decisión normal

En un texto de 1968, Schmitt indica los equívocos causados por su concepto de decisión. Allí se lamenta del modo en que la "violenta polémica" suscitada desfiguró su concepción original, haciendo de la decisión un "acto de arbitrariedad fantasmagórico", "una expresión ignominiosa y tergiversadora"; y del decisionismo una "*Weltanschauung* peligrosa". Este texto constituye el prólogo a la reedición de su libro de 1912, *Ley y juicio*, dedicado a un examen de la decisión judicial. Indica Schmitt que esta obra temprana conserva "algo de la sencillez del comienzo" ya que pone de manifiesto "el sentido originario del juzgar y decidir". Concluye Schmitt su prólogo señalando que "una reflexión sobre ese comienzo puede aportar claridad a tan errado y polémico debate y, de este modo, conducir a conclusiones aceptables" (Schmitt, 2012: 9-10). En lo que sigue, no haremos más que aceptar la invitación cursada por Schmitt, volviendo a su examen de la decisión judicial a efectos de ganar claridad respecto de las nociones de decisión y decisionismo. No interesa aquí comentar de manera exhaustiva el argumento de *Ley y juicio*, sino recuperar tres ideas centrales sobre la sentencia judicial, que nos permitan restituir la caracterización schmittiana de la decisión en situaciones normales. Se trata, en suma, de apelar a la potencia heurística de la situación normal para proveer una medida de claridad respecto de la noción de decisión.

3.1. El criterio de legalidad

El libro de Schmitt se dedica a responder a una pregunta en apariencia sencilla: ¿cuándo cabe decir que una decisión [*Entscheidung*] judicial es correcta? La respuesta más extendida sostiene que la sentencia de un juez se considera correcta si resulta legal, es decir, si se atiene a la aplicación de la ley, del derecho positivo vigente. Este criterio de legalidad determina la corrección de la decisión, de modo tal que una sentencia correcta es aquella en la que el juez se limita a ser una "máquina de subsumir" o un "autómata de la ley". Schmitt recuerda el aforismo de Montesquieu que sostiene que "el juez es la boca que pronuncia las palabras de la ley" (Schmitt, 2012: 21). Queda así definido el criterio de legalidad, consistente en que el juez se someta al contenido manifiesto de la ley. De allí, se derivan dos preguntas: ¿Cuál es el contenido manifiesto de la ley? ¿En qué consiste este sometimiento del juez?

La pregunta por el contenido remite al problema de la interpretación. Decíamos que el juez tiene la obligación de decidir sometiéndose al contenido manifiesto de la ley. Sin embargo, hay casos en los que resulta difícil dar con un contenido manifiesto, ya sea por la oscuridad de la ley o por la existencia de lagunas del derecho. En tales casos, la ausencia de un contenido manifiesto no exime al juez de la obligación de decidir. El juez debe impartir justicia incluso ante el silencio u oscuridad de la ley.

Ahora bien, la teoría dominante de interpretación jurídica reconoce las dificultades señaladas por Schmitt y postula una serie de métodos de interpretación que pretenden dar con el verdadero contenido de la ley. La hermenéutica tradicional se apoya así en una serie de operaciones lógicas, que permiten hacer manifiesto el contenido de la norma. En respuesta a la hermenéutica tradicional, Schmitt señala la variedad de razonamientos lógicos empleados por estas teorías,[4] para sostener seguidamente que, si bien el empleo de cada uno de estos razonamientos puede ser completamente lógico, el criterio en virtud del cual se decide emplear un argumento y no otro es anterior a la lógica. Existe así una conclusión que antecede a toda lógica y que determina cuál de los razonamientos lógicos habrá de emplearse. De este modo, la lógica no es más que un instrumento en una operación que, tomada en su conjunto, no es lógica, sino teleológica: el intérprete que ya arribó a una conclusión construye retrospectivamente el razonamiento lógico que habrá de fundamentarla. Así, Schmitt distingue entre el fundamento de una decisión (asentado en un razonamiento lógico sobre el contenido de la ley) y su génesis.

　La vida pública de las palabras

Seguidamente, Schmitt considera a un oponente de la teoría dominante de la interpretación. Se trata de la escuela del derecho libre, que pretende habilitar para el juez una latitud de decisión mayor a la establecida por el contenido manifiesto del derecho positivo. Esta escuela sostiene que "la ley se encuentra llena de lagunas, [pero] el derecho carece de ellas" (Schmitt, 2012: 33). Esto supone una concepción del derecho no limitada al derecho positivo, que incorpora un sentido supralegal de derecho, identificado con "la sensibilidad jurídica propia de una determinada época", el "ideal cultural" o el "derecho natural". El recurso a una noción más cabal de derecho permite dar con normas suprapositivas que trasciendan a la ley escrita y que, al ser más flexibles y adaptables, confieran al juez mayor libertad de juicio. Sin embargo, sostiene Schmitt, los proponentes de esta concepción del derecho libre no logran eludir los problemas de la teoría dominante. Al recurrir a normas suprapositivas, el derecho libre no hace más que expandir el espectro de las normas a las que el juez debe someterse.

De este modo, los proponentes del derecho libre conservan el criterio de legalidad de las viejas teorías, aunque por "legalidad" entienden algo diferente. En ambos casos, se procede de un mismo modo: ante el silencio u oscuridad de la ley, ambos pretenden dar con normas que salven la brecha. Con esto, asumen una tarea infinita: la brecha entre una norma y su aplicación no puede salvarse recurriendo a una segunda norma, sin por ello introducir una nueva brecha entre esta segunda norma y su aplicación, lo que exigiría una tercera norma, derivando así en una regresión al infinito. En este sentido, Schmitt sostiene que "la seguridad sobre la corrección de la subsunción no puede resolverse con una nueva subsunción" (Schmitt, 2006: 88-9). En definitiva, el criterio de legalidad no puede responder al problema de la corrección de la decisión judicial, por la misma razón que la norma no puede regular la relación entre la norma y la decisión.

La brecha entre la norma y su aplicación puede salvarse aclarando el sentido concreto del "someterse" el juez a la ley. Esta claridad pretende obtenerse recurriendo a la noción de voluntad. En esta línea, el sometimiento del juez a la ley no sería más que el sometimiento de la voluntad del juez a la voluntad del legislador. La decisión judicial correcta es aquella en la que el juez decide tal como lo hubiera hecho el legislador en su lugar. Surge el problema de la determinación de la voluntad del legislador. La norma aparece así identificada con la voluntad real del legislador empírico, poniendo a disposición del intérprete toda una serie de materiales: los trabajos preparatorios del proyecto de ley, la doctrina consultada, las transcripciones de los debates de comisión. El recurso a estos materiales permitiría al juez reconstruir la voluntad del legislador para seguidamente someterse a ella. No sin ironía, sugiere Schmitt que, de estar vivo el legislador, alcanzaría con ir a preguntarle. Como es evidente, el recurso a la "voluntad del legislador" presenta una serie de inconvenientes. El primero que señala Schmitt es una suerte de "fetichismo del legislador", solo aplicable a un Estado absoluto que identifica la ley con la voluntad del Príncipe y hace del Príncipe su último intérprete. Esta concepción confunde al órgano legislativo con la persona concreta que actuó como su operador. A la imposibilidad de transmitir el contenido real y psicológico de la voluntad de una persona determinada, Schmitt agrega el absurdo de pretender esta transmisión cuando se trata de una asamblea legislativa. En la práctica, estas apelaciones a la voluntad del legislador terminan estilizando legisladores ideales, que reemplazan a los legisladores históricos y permiten inferir lo que se quiera.

Schmitt señala que las apelaciones a la voluntad, ya no del legislador, sino de la ley intentan sin éxito sortear estos inconvenientes. Con la noción de voluntad de la ley se indica el carácter normativo de los textos que acompañaron a la elaboración de la ley. A partir de ellos, resultaría posible restituir un contenido ideal positivo u objetivo de la ley, identificado con la finalidad que cualquier persona razonable perseguiría al proponer tal precepto. Resulta evidente para Schmitt que tales operaciones y razonamientos "fantasmagóricos" conducen a más problemas que soluciones, y solo pueden resultar útiles para fundamentar una interpretación que se obtuvo por otra vía.

En definitiva, el criterio de legalidad se demuestra insuficiente para dar cuenta de la corrección de la decisión judicial. Al restituir el debate en torno a la interpretación del contenido de la norma, Schmitt demuestra que la decisión judicial está lejos de ser una operación automática de subsunción del caso particular al precepto legal. Hay un elemento anterior a la reconstrucción de la norma aplicable, que determina la relación de la decisión con la norma. Las invocaciones al verdadero contenido de la ley, a los principios culturales o naturales de justicia, a la voluntad del legislador o a la voluntad de la ley sirven para fundamentar una decisión tomada

 La vida pública de las palabras

con anterioridad. La decisión judicial no procede de la norma, no se genera a partir de ella, sino que recurre a ella para fundamentarse. En este sentido, la decisión guarda una relación fundamental con la norma, pero no puede deducirse de ella. Esto es decir que la decisión contiene un elemento no determinado por la norma, autónomo en sentido estricto. Veamos seguidamente en qué consiste este elemento.

3.2. La determinación del derecho

Tras demostrar la inconsistencia del criterio de legalidad al momento de determinar la corrección de la decisión judicial, Schmitt propone explorar una respuesta alternativa. Para ello, parte de la identificación de "un dato fundamental de la vida jurídica, a saber, que muchas veces importa más el hecho de regular que el contenido concreto de la regulación" (Schmitt, 2012: 72). Aclara este dato el ejemplo del sentido de circulación del tráfico. Sostiene Schmitt que resulta de hecho indiferente que los autos circulen por la derecha o por la izquierda; pero es imperioso que se decida por cuál de los carriles debe circularse. Esto da testimonio de la importancia de regular el tráfico, con independencia del contenido de la regulación. Respecto de esta necesidad de regular, el contenido de la regulación es indiferente: en vista de la necesidad de establecer una regulación, resulta arbitrario que se decida por la izquierda o por la derecha. Schmitt sostiene que "este momento de arbitrariedad respecto del contenido está presente en todo derecho, tanto en la orden policial, como en las disposiciones formales del derecho civil y (...) procesal, como incluso en las leyes penales" (Schmitt, 2012: 73). Así, Schmitt trae al primer plano una función esencial del orden jurídico, a saber, la de dar una regla.

En este punto, Schmitt se apoya parcialmente en Hegel, para dar cuenta de la presencia de esta función regulativa del derecho en la sentencia judicial. En el parágrafo 214 de su *Filosofía del derecho*, Hegel sostiene que no puede determinarse de manera racional o conceptual si es justo que a un delito determinado le corresponda un castigo corporal de 40 golpes y no uno 39, o un castigo pecuniario de 5 táleros y no de 4 táleros con 23 centavos, o una pena de prisión de 1 año y no de 364 días. Ahora bien, una vez determinado el castigo, un golpe, un centavo o un día de más resultan una injusticia. Esto da a ver que la norma solo establece una delimitación general, pero, a efectos de su aplicación al caso individual, la sentencia debe establecer una fijación arbitraria. En términos de Hegel, "la determinación del concepto da solo un límite general, dentro del cual tienen lugar variaciones. Estas deben interrumpirse con motivo de la realización, con lo que penetra en el interior de aquel límite una decisión contingente y arbitraria" (Hegel, 2004: 202).

La norma no se aplica a sí misma. La realización del derecho depende de aquellas decisiones en virtud de las cuales los ideales jurídicos se transforman en leyes positivas, las leyes positivas en sentencias judiciales, las sentencias en medidas burocráticas. Estas decisiones no equivalen a una mera aplicación, sino que deben introducir una determinación que no está presente en la norma. Esta determinación del derecho moviliza un elemento de arbitrariedad y contingencia inherente a toda decisión jurídica. En la decisión legislativa, por ejemplo, del ideal jurídico que identifica a la vida como valor supremo no puede derivarse que la pena máxima en caso de homicidio sea de 25 años y no de 25 años y un día. Respecto del ideal jurídico, el número 25 es contingente y arbitrario. La decisión judicial tampoco puede evitar el componente de arbitrariedad: por más precisiones que la norma establezca respecto de mínimos y máximos, de atenuantes y agravantes, es inevitable que persista un intervalo y, por mínimo que sea ese intervalo, al fijar la duración de una pena, el juez introduce una determinación arbitraria respecto de la norma. Incluso en las decisiones administrativas se expresa un tanto de arbitrariedad: el reglamento escolar que establece que los guardapolvos han de ser blancos no puede eximir al docente de la necesidad de fijar la diferencia entre un guardapolvo blanco amarillento y un guardapolvo amarillo. En suma, la ley solo adquiere fuerza fáctica a partir de la sentencia que la aplica. Pero esa sentencia que realiza el derecho introduce en el contenido general de la norma una determinación que, respecto de aquella, resulta contingente y arbitraria.

De aquí, Schmitt colige que el criterio que nos permite discriminar sentencias correctas e incorrectas debe tener en cuenta el hecho de que las decisiones judiciales, más que aplicar, lo que hacen es determinar el derecho, introduciendo mediante la decisión una fijación no derivable del contenido de la norma. El examen de la corrección de las sentencias debe partir entonces de esta determinación del derecho inherente a la praxis judicial. El criterio propuesto por Schmitt pretende responder a estas exigencias: "Una decisión judicial es correcta si se puede esperar que otro juez hubiera decidido del mismo modo. Por 'otro juez' se entiende aquí el tipo empírico de jurista moderno" (Schmitt, 2012: 99).

Así, Schmitt postula que el criterio de corrección que opera como postulado eficaz en la praxis judicial se define en función de la expectativa del juez de elaborar una sentencia que resulte aceptable para sus pares. En la elaboración de su sentencia, el juez anticipa las opiniones de otros jueces y juristas y, como mucho, de legos instruidos, y tiene por correcta una sentencia que les resulte aceptable. Schmitt sostiene que los destinatarios de las sentencias no son las partes ni el público en general, sino este círculo limitado de jueces y legos instruidos y, muy especialmente, los jueces de las instancias superiores. Con este criterio, Schmitt pareciera moverse, en términos kantianos, desde el juicio determinante característico del criterio de legalidad —juicio en virtud del cual se subsume lo particular a lo general— hacia el juicio reflexionante —que surge de lo particular, poniendo en consideración una pluralidad de puntos de vista. De asumir esta equiparación, debe notarse que la "mentalidad ampliada" del juez no asume para Schmitt ninguna pretensión de universalidad, no pretende tener en cuenta la perspectiva del mayor número, sino que solo se interesa por el juicio de "otros jueces".

De este modo, el criterio elaborado por Schmitt da cuenta de que un componente esencial de una sentencia correcta es su previsibilidad y calculabilidad. De este modo, las decisiones judiciales evidencian una tendencia a brindar una regla estable y, con ello, a determinar el derecho. Esto no excluye la posibilidad de innovaciones al interior de la praxis judicial: incluso las sentencias innovadoras se fundamentan de tal modo de resultar aceptables, previsibles y calculables para otros jueces. "Cuando el juez abandone la opinión dominante, lo debe hacer con argumentos tan evidentes que la discrepancia sea totalmente calculable y predecible" (Schmitt, 2012: 108-9).

De este modo, Schmitt deriva del postulado de la determinación del derecho un criterio de corrección de la praxis judicial que surge de la praxis judicial y apunta a la praxis judicial. La función jurídica esencial de dar una regla, de determinar el derecho, deriva aquí en la tendencia de la decisión judicial a producir una praxis regular, estable y previsible. La decisión judicial apunta así a la normalización en el sentido preciso de regulación estable, de determinación del derecho.

3.3. *El tacto jurídico*

Schmitt dedica parte considerable del libro a demostrar la exhaustividad de su criterio, dando cuenta de toda una variedad de fenómenos jurídicos. Entre ellos, el criterio de Schmitt permite comprender la preferencia por el principio de colegialidad, que sostiene que, cuanto más importante se considera un asunto, mayor debe ser el número de jueces que intervengan. Esta preferencia por la colegialidad se justifica en el hecho de que, cuanto mayor sea el número de jueces intervinientes, mayores probabilidades habrá de elaborar una fundamentación aceptable para otros jueces. Schmitt sostiene que decidir intuitivamente de modo correcto, esto es, decidir con sentido jurídico [*Rechtsgefühl*] o tacto jurídico [*juridischer Takt*], es siempre una virtud individual. El tacto jurídico nace de la capacidad de conocimiento intuitivo y un cuerpo colegiado no cuenta sino con la intuición de cada uno de sus miembros. Esto implica que, en los cuerpos colegiados, la decisión es elaborada por un individuo y puesta a consideración del resto de los miembros. Esta puesta en consideración permite examinar y refinar los fundamentos, de modo tal que sea probable lograr una sentencia más previsible y calculable.

En esta línea, Schmitt remarca el carácter eminentemente personal de la decisión judicial, incluso cuando intervienen cuerpos colegiados. En la sentencia, lejos de ser un autómata de la ley, el juez reflexiona y calcula lo que la praxis judicial considera correcto y, en virtud de esta reflexión y este cálculo, recurre a las normas y fuentes del derecho para fundamentar su decisión. Este cálculo constituye una actividad del entendimiento, un proceso intelectual que revela la importancia de la personalidad del juez, de su "experiencia y conocimiento de la vida y de la praxis" para anticiparse a las valoraciones de sus pares (Schmitt, 2012: 133). Esto no implica, sin embargo, admitir una explicación voluntarista ni subjetivista de la corrección de la sentencia. Asumir que la decisión judicial es tomada por una persona revestida de la autoridad, y negarse a admitir que esa persona sea o deba ser un mero autómata de la ley, no equivale a dar rienda suelta al voluntarismo de los jueces, librando toda explicación posible a la consideración de las causas psicológicas y sociológicas de sus decisiones. Schmitt sostiene que consideraciones de este tipo dan lugar a conclusiones ilimitadas e incorrectas. De la explicación causal sociológica y psicológica no puede extraerse ningún criterio que permita precisar la rectitud de una sentencia. "Todos saben que la sentencia dictada por un juez que ha sido objeto de un soborno, y que tiene su origen en una acción injusta, puede ser tan justa como injusto pudiera llegar a ser el juez que no ha sido sobornado" (Schmitt, 2012: 35). De las determinaciones psicológicas y sociológicas de la personalidad no se sigue una determinación causal de la decisión.

En definitiva, Schmitt da a ver que la decisión judicial comporta un elemento personal que resulta relevante en vista del tacto jurídico necesario para elaborar una decisión correcta. Pero, a su vez, esto no implica que la decisión judicial sea pura discrecionalidad voluntarista, o mero efecto de causas psicológicas o sociológicas.

— 4 —
La decisión excepcional

Si nuestras previsiones fueron acertadas, la reconstrucción de las características de la decisión judicial que venimos de hacer debería permitirnos ganar claridad respecto del sentido del juzgar y decidir, tanto en situaciones normales como en situaciones de excepción. Esto nos permitiría, a su vez, restituir una comprensión equilibrada del decisionismo schmittiano y de sus invocaciones contemporáneas. En vista de las precisiones obtenidas a partir de la lectura de *Ley y juicio*, proponemos en lo que sigue volver sobre las consideraciones de *Teología política* relativas a la decisión.

4.1. La forma jurídica

En el comienzo de nuestra intervención, señalamos que el recurso heurístico a lo excepcional permite a Schmitt identificar en la decisión tres características esenciales, a saber, su autonomía respecto de la norma, su orientación normalizadora y ordinativa, y su carácter eminentemente personal. Señalamos que estas características, que se muestran con toda pureza en situaciones excepcionales, son sin embargo comunes a toda decisión jurídica.

Precisamente, en nuestra reconstrucción del argumento de *Ley y juicio*, hemos visto cómo la insuficiencia del criterio de legalidad al momento de elaborar una sentencia correcta da cuenta del hecho de que ninguna decisión deriva de la mera aplicación de la norma;

más bien, la decisión recurre a la norma para fundamentarse. La norma no es la génesis sino el fundamento de la decisión. A esto apunta Schmitt al sostener que "en términos normativos, la decisión surge de la nada" (Schmitt, 2001: 40). La decisión no surge de la norma; más bien, recurre a ella para fundamentarse. Pero esto no implica asumir una relación de exterioridad entre la decisión y la norma. Al contrario: es en virtud de su apelación a la norma que la decisión logra fundamentarse, y el fundamento es para Schmitt una "parte esencial" de toda decisión (Schmitt, 2012: 113). Es posible entonces concebir la interioridad de la norma a la decisión, y reconocer sin embargo su autonomía. En este sentido apunta la reflexión schmittiana sobre la forma jurídica contenida en el segundo capítulo de su *Teología política*.

> La forma jurídica se rige por la idea jurídica y por la necesidad de aplicar el pensamiento jurídico a una circunstancia concreta, es decir, por la realización del derecho [*Rechtsverwirklichung*] en el sentido más amplio de la palabra. La idea de derecho no puede realizarse por sí sola, por lo que cada trasposición a la realidad requiere una configuración y [formación]. Esto es cierto tanto en lo que se refiere a la necesidad de dar forma a un pensamiento jurídico general en una ley positiva como con respecto a la aplicación de una norma jurídica positiva general [en la administración pública o en la administración de justicia]. (Schmitt, 2001: 38)

De la concepción schmittiana de la forma jurídica se sigue con toda claridad el sentido de la autonomía de la decisión. La decisión aplica la idea jurídica a la situación concreta y, al hacer esto, da concreción a esa idea jurídica, da forma al pensamiento jurídico, realiza el derecho. Pero esta puesta en forma del derecho no puede hacerse sin introducir en la idea jurídica un elemento contingente, un elemento que no puede derivarse de la idea o que, respecto de la idea, es autónomo. Esta autonomía específica de la forma jurídica es común a toda decisión jurídica, ya sea la decisión legislativa que da forma de ley positiva al ideal jurídico; la decisión jurídica, que da forma de sentencia a la norma; o la decisión administrativa, que da forma de resolución al reglamento.

4.2. El medio homogéneo

En segundo lugar, hemos visto que el postulado de la determinación del derecho permite identificar la génesis de la decisión. La decisión surge precisamente de la necesidad de dar una regla, de determinar el derecho. Hay casos en los que esta necesidad de regular puede respaldarse con toda previsibilidad en la norma. Pero es innegable que también hay casos en los que la necesidad de regular contrasta con el silencio u oscuridad de la norma, haciendo manifiesta la relativa independencia de la decisión. En su texto de 1912, Schmitt sostiene que "en lo concerniente a la determinación del derecho, la sentencia judicial se mueve en un espectro que abarca desde el caso en el que es más importante el hecho de dictar sentencia que el contenido de lo que se dicta, hasta aquél otro para el que existe una previsión [tan evidente] en la letra de la ley o en la praxis, que el contenido del fallo judicial sobre ese litigio se encuentra inequívocamente predeterminado" (Schmitt, 2012: 140). Esta caracterización temprana de la decisión judicial se repite en su *Teología política* de 1922, al momento de caracterizar toda decisión: "Del mismo modo que en el caso normal es posible reducir el momento independiente de la decisión al mínimo, en el caso de excepción la norma [se aniquila (*vernichtet*)]" (Schmitt, 2001: 27). Este pasaje debe leerse cuidadosamente. Debe notarse en primer lugar que aquello que Schmitt opone a la norma, aquello que "aniquila" a la norma, no es la decisión sino el caso excepcional. De modo que entre norma y decisión no se traba en una relación antagónica, ni un juego de suma cero. Esto resulta compatible con la caracterización del caso normal, en que la decisión persiste. Lejos de "aniquilar" a la decisión, el caso normal solo reduce a un mínimo su independencia relativa.

En base al postulado de la determinación del derecho, Schmitt elabora un criterio de corrección de la decisión judicial. Esto implica que una sentencia resulta correcta si responde a la necesidad de dar una regla, si contribuye en definitiva a la normalidad fáctica. En *Teología política*, Schmitt sostiene:

Toda norma general requiere una organización normal de las condiciones de vida a las que debe aplicarse de forma concreta y a las que somete a su regulación normativa. La norma necesita un medio homogéneo. Esta "normalidad fáctica" no es una simple condición externa que el jurista pueda pasar por alto; antes bien, forma parte de su validez inmanente. (Schmitt, 2001: 28)

Así como, en situaciones normales, la decisión judicial surge de la necesidad de regular y apunta a una praxis previsible y calculable, del mismo modo, en situaciones excepcionales, la decisión soberana surge de la necesidad imperiosa de establecer el orden y apunta a crear la situación previsible y calculable en que el orden jurídico pueda valer. Esta normalidad fáctica es garantizada por la decisión, que se orienta a la reproducción de un medio homogéneo, lo que define su carácter ordinativo.

4.3. *Auctoritas interpositio*

Por último, nuestra lectura de *Ley y juicio* permitió identificar el carácter eminentemente personal de la decisión judicial, sin por ello abandonar el examen de la decisión judicial a un determinismo psicológico o sociológico. Admitir que las decisiones jurídicas son tomadas por personas moviliza una reflexión relevante en torno a las aptitudes de sentido y tacto jurídico necesarias con vistas a una decisión convincente y aceptable para "otro juez". Pero esto no implica que de una persona recta se derive necesariamente una decisión recta. De modo que es posible tomar conciencia del carácter personal de la decisión sin por ello entregarse a un puro subjetivismo.

En *Teología política*, Schmitt vuelve sobre el carácter personal de la decisión. Allí indica que las ideas de personalidad y autoridad constituyen la "esencia" de la decisión jurídica. En vista de la forma jurídica analizada más arriba, Schmitt concluye que la realización del derecho depende de la interposición de una autoridad:

> El hecho de que la idea jurídica no sea de suyo capaz de trasponerse se desprende de la simple circunstancia de que no indica quién ha de encargarse de su aplicación. Cada transformación implica una *auctoritas interpositio*. No es posible establecer de forma discriminatoria el individuo o la instancia concreta que pueden reclamar tal autoridad con base a la simple cualidad jurídica de una frase. (Schmitt, 2001: 39)

Con esto, Schmitt señala el problema de la competencia que identifica, a su vez, como *el* problema de la forma jurídica: la norma puede establecer una serie de preceptos generales respecto de la autoridad de su aplicación, pero queda fuera del alcance de toda norma la posibilidad de determinar cuál es el individuo concreto que habrá de aplicarla: "el precepto legal en cuanto norma de decisión solo indica *cómo* ha de decidirse, mas no *quién* toma la decisión" (Schmitt, 2001: 40). Esto significa que la norma no determina quién es la autoridad de aplicación; más bien, al contrario, es la autoridad la que determina cuál es la norma aplicable. Las ideas de la personalidad y autoridad constituyen así un problema ineludible para la reflexión jurídica. Precisamente, en el caso excepcional "la autoridad demuestra que no necesita tener derecho para crear el derecho" (Schmitt, 2001: 28). Los intentos normativos por eliminar el carácter personal de la decisión soberana, estableciendo limitaciones y contrapesos, logran como mucho aplazar un problema ineluctable.

Es en vista de este problema que Schmitt acuña el término "decisionismo": el decisionismo es un tipo de cientificidad jurídica o de pensamiento jurídico caracterizado por tener "conciencia científica de la peculiaridad normativa de la decisión jurídica" (Schmitt, 2001: 41). Esto implica que el decisionismo es un tipo de pensamiento jurídico consciente de la autonomía de la decisión respecto de la norma, consciente del carácter ordinativo de la decisión y su orientación a la normalidad fáctica, y consciente del problema del personalismo de la decisión. En particular, el decisionismo se desmarca de los intentos contemporáneos de huir del carácter personal de la decisión jurídica, que han tenido la forma del empoderamiento de ideas y abstracciones como el "imperio de la ley" o el "Estado de derecho". Ante estos "poderes intelectuales", Schmitt vuelve a Thomas Hobbes para reconocer en él la elaboración del argumento original del decisionismo. Según nos recuerda Schmitt, en un pasaje del capítulo 42 del *Leviatán*, Hobbes sostiene: "cuando decimos que un poder está sujeto a otro poder, [queremos decir] que quien tiene uno está sujeto a quien tiene el otro (...). En realidad, no podemos entender que un poder tenga poder sobre otro poder, o que un poder pueda tener derecho o ejercer el mando sobre otro. En efecto, la sujeción, el mando, el derecho y el poder son accidentes no de los poderes, sino de las personas" (Hobbes, 1996: 476). En definitiva, el pensamiento decisionista es aquel que, consciente del problema ineludible de la personalidad, no se conforma con los intentos de coronar abstracciones e invocar poderes intelectuales. Ante cada uno de estos intentos, se pregunta sobre quién, sobre qué autoridad personal recae la decisión. Ante cada uno de estos intentos, repite una misma pregunta: *quis iudicabit?*

— 5 —
El decisionismo

En vista de lo trabajado hasta aquí, podemos derivar la siguiente conclusión. Si bien la interpretación canónica está en lo cierto al identificar a Carl Schmitt con el decisionismo, equivoca las razones de esta identificación.

Si el decisionismo constituye una teoría o práctica política consistente en sostener una situación de excepción permanente, expandiendo las competencias extraordinarias del poder ejecutivo, avasallando poderes y controles, y convirtiendo la decisión excepcional en algo normal y omnipresente, entonces Carl Schmitt no puede tenerse por decisionista. Identificar a Schmitt como el promotor del excepcionalismo permanente exige incurrir en toda una serie de errores. En primer lugar, exige asumir una concepción superficial en relación con la vigencia de la norma; una concepción que pierda de vista que las normas rigen en función de las decisiones que las realizan y que, por ende, no tiene sentido contraponer normas a decisiones. En segundo lugar, supone perder de vista la distinción entre decisiones normales y decisiones excepcionales, asumiendo erróneamente que toda decisión es excepcional y, por ende, absolutamente independiente de la norma. Tercero, exige olvidar que la decisión excepcional tiene, como toda decisión, un carácter ordinativo, es decir, que se orienta a producir la normalidad fáctica y no a prorrogar indefinidamente la excepcionalidad. En cuarto lugar, y en esta línea, exige confundir la posición de Schmitt con la de Donoso Cortés, equiparando a ambos pensadores y barriendo bajo la alfombra el hecho de que, precisamente, si algo critica Schmitt en Donoso, es su extrapolación excepcionalista. Por último, en su aplicación al caso argentino, supone perder de vista que, para Schmitt, el estado de excepción constituye "un concepto general de la teoría del Estado, no un decreto de emergencia ni un estado de sitio cualquiera" (Schmitt, 2001: 23). Al equiparar al decisionismo con las facultades delegadas o con los decretos de necesidad y urgencia, se pierde de vista que precisamente "no toda facultad extraordinaria o (...) decreto de emergencia equivalen automáticamente a un estado de excepción" (Schmitt, 2001: 27).

Si, en cambio, adoptamos la definición provista por el propio Schmitt e identificamos al decisionismo con un pensamiento científico consciente de la peculiaridad normativa de la decisión jurídica;

si por esto último entendemos la conciencia del carácter autónomo, ordinativo y personal de la decisión judicial, entonces Carl Schmitt se nos revela, si no como el padre del decisionismo, sí como un pensador inscripto en la tradición y conciencia decisionistas. Podría sostenerse que Schmitt se separa del decisionismo cuando, años más tarde, identifica tres modos de pensar el derecho (normativista, decisionista e institucional) e insiste en la importancia jurídica de los órdenes concretos o instituciones (Schmitt, 2001: 21-22; 1996: 5-9, 26-31, 64-77). Sin embargo, la insistencia de Schmitt en los órdenes concretos no implica la pérdida de conciencia del carácter jurídico de la decisión, sino su relocalización en un marco heurístico más amplio. Si asumimos que el decisionismo es la conciencia de la peculiaridad normativa de la decisión, estamos obligados a admitir que Schmitt nunca dejó de ser decisionista. Finalmente, es de notarse que la caracterización schmittiana de la decisión que venimos de reseñar anticipa en gran medida la identificación de los tres componentes del pensamiento jurídico: el componente impersonal de la norma (fundamento de la decisión), el componente suprapersonal del orden concreto (génesis de la decisión) y el componente personal de la autoridad (sujeto de la decisión).

Sugerimos para terminar que el decisionismo schmittiano, entendido en sus propios términos, puede enseñarnos algo significativo sobre la política contemporánea, sobre su teoría y su práctica. Precisamente, la conciencia decisionista del problema ineludible de la personalidad puede enseñarnos a mantener una actitud crítica ante las apelaciones cotidianas al "Estado de derecho", el "imperio de la ley" o la "independencia de la Justicia". Una actitud crítica, asentada en la conciencia de que el poder es siempre atributo de las personas, que las decisiones son siempre decisiones personales y que, detrás del empoderamiento metafórico de abstracciones y la invocación de poderes intelectuales, opera de manera decisiva y regular el poder de unas personas sobre otras. El decisionismo schmittiano nos invita así a estar advertidos del poder personal de toda autoridad, y no solo del de la autoridad soberana.

Referencias bibliográficas

Agamben, Giorgio (2004). *Homo sacer II, 1. Estado de excepción.* Valencia: Pre-textos.

Barrera, Leticia (2012). *La Corte Suprema en escena. Una etnografía del mundo judicial.* Buenos Aires: Siglo Veintiuno.

Bosoer, Fabián (2000). Maquiavelo, Schmitt, Gramsci y el "decisionismo" de los años '90: viejos y nuevos príncipes. En Tomás Várnagy (Comp.), *Fortuna y virtud en la república democrática. Ensayos sobre Maquiavelo.* Buenos Aires, CLACSO.

—— y Santiago Leiras (1999). Posguerra fría, "neodecisionismo" y nueva fase del capitalismo: el alegato del Príncipe-gobernante en el escenario global de los '90. En Atilio Borón, Julio Gambina y Naúm Minsburg (Comps.), *Tiempos violentos. Neoliberalismo, globalización y desigualdad en América Latina.* Buenos Aires: Eudeba-Clacso.

Dotti, Jorge (1996). Teología política y excepción. *Daimón. Revista de Filosofía, 13,* 129-140.

Flax, Javier (2004). *La democracia atrapada. Una crítica del decisionismo.* Buenos Aires: Biblos.

—— (2011). El decisionismo revisitado. Un contrapunto entre los gobiernos de Menem y Kirchner. *Diálogo Político, 28* (2), 175-200.

Galli, Carlo (2011). Las teologías políticas de Schmitt. En *La mirada de Jano.* Buenos Aires: Fondo de Cultura Económica.

Herrero, Monserrat (2012). Posiciones ante el derecho en el pensamiento de Carl Schmitt. Estudio preliminar. En *Posiciones ante el derecho.* Madrid: Tecnos.

Iazzetta, Osvaldo (2007). Los rostros del decisionismo en Argentina. Revisando el debate de los años noventa sobre la democracia. En Sergio Emi-

liozzi, Mario Pecheny y Martín Unzué (Comps.), *La dinámica de la democracia. Representación, instituciones y ciudadanía en Argentina.* Buenos Aires: Prometeo.

Kvaternik, Eugenio (1993). Carl Schmitt y el liberalismo. Entre la enemistad y el anticlimax. *Serie Investigaciones del IDICSO,* N° 4, dic. 1993. Buenos Aires: Universidad del Salvador.

Leiras, Santiago (2011). Los conceptos de Política y Decisionismo político en Carl Schmitt. Su repercusión en el debate latinoamericano. *Ecuador Debate,* 82, 159-174.

Löwith, Carl (2006). El decisionismo ocasional de Carl Schmitt. En *Heidegger, pensador de un tiempo indigente.* Buenos Aires: Fondo de Cultura Económica.

Marramao, Giaccomo (1981). La decisione senza presupposti e il fantasma dello Stato. En Giuseppe Dusso (Cur.), *La politica senza lo stato: Carl Schmitt.* Venecia: Arsenale.

Negretto, Gabriel (1996). El concepto de decisionismo en Carl Schmitt. El poder negativo de la excepción. *Revista Sociedad,* 4, 66-89.

—— y José Antonio Aguilar Rivera (2000). Exception and Emergency Powers: Liberalism and Emergency Powers in Latin America. Reflections on Carl Schmitt and the Theory of Constitutional Dictatorship. *Cardozo Law Review,* 21, 1797-1823.

Novaro, Marcos (2000). *Representación y liderazgo en las democracias contemporáneas.* Rosario: Homo Sapiens.

—— (2011). Decisionismo transicional y programático en Argentina y América Latina. *Diálogo Político,* 28 (2), 201-226.

O'Donnell, Guillermo (1997). Democracia delegativa. En *Contrapuntos. Ensayos escogidos sobre autoritarismo y democratización.* Buenos Aires: Paidós.

Peñalver Gómez, Patricio (1996). Decisiones. Schmitt, Heidegger, Barth. *Daimón. Revista de Filosofía*, 13, 141-166.

Quiroga, Hugo (2001). El poder democrático en la Argentina: entre el gobierno de los hombres y el gobierno de las leyes (1989-1999). *Sociedad, 17/18*, 167-181.

—— (2005). *La Argentina en emergencia permanente*. Buenos Aires: Edhasa.

Schmitt, Carl (1996). *Sobre los tres modos de pensar la ciencia jurídica*. Madrid: Tecnos.

—— (2001). Teología política I. Cuatro capítulos sobre la teoría de la soberanía. En Carlos Orestes Aguilar (Comp.), *Carl Schmitt, teólogo de la política*. México: Fondo de Cultura Económica.

—— (2006). *Interpretación europea de Donoso Cortés*. Buenos Aires: Struhart y Cía.

—— (2012). Ley y juicio. Exámen sobre el problema de la praxis judicial. En Monserrat Herrero (Ed.), *Posiciones ante el derecho*. Madrid: Tecnos.

Segura Ortega, Manuel (1993). Kantorowicz y la renovación jurídica. *Dereito, 2* (2), 113-130.

Žižek, Slajov (2011). Carl Schmitt en la era postpolítica. En Chantal Mouffe (Comp.), *El desafío de Carl Schmitt*. Buenos Aires: Prometeo.

CAPÍTULO 3

Carisma

Al caracterizar los tipos de dominación, Max Weber identificó al carisma con un vínculo emocional de las masas dirigidas con la persona del líder: un vínculo siempre pronto a adquirir visos de irracionalidad. Quienes más tarde se apoyaron en la sociología política de Weber a efectos de comprender los problemas de la modernización latinoamericana en general y de los liderazgos populistas en particular, redoblaron esa asociación de carismatismo, subjetivismo e irracionalismo. De allí que, en un texto reciente, Carlos de la Torre observara que las nociones de carisma y populismo "denotan algo malo, fuera de lo común y peligroso". Pues, en abierto contraste con las "prácticas políticas modernas [y] racionales", las prácticas "populistas-carismáticas" siempre han resultado "atrasadas" e "irracionales" (2016: 469). Así las cosas, todo liderazgo popular que recurra a repertorios de legitimación carismáticos terminará condenado al subjetivismo y al irracionalismo.

Contra esta interpretación corriente, se propone en lo que sigue reabrir el expediente del carismatismo en Weber. Es que una lectura atenta del corpus weberiano permite reconocer cierto componente objetivo del carisma y, con ello, cierta racionalidad inherente a este tipo de dominación. Interesa entonces al capítulo que sigue restituir esas posibilidades objetivas y racionales del carismatismo. Para ello, comenzaremos revistando el rol atribuido al carisma en las teorías sobre el populismo latinoamericano. Hecho esto, procederemos a restituir la caracterización estándar del carismatismo, a fines de señalar los componentes subjetivistas e irracionales identificados habitualmente con este tipo ideal de dominación. En tercer lugar, nos dedicaremos a recuperar aquellos pasajes del corpus weberiano donde pueden reconocerse componentes objetivos y racionales del carisma. Finalmente, derivaremos algunas conclusiones sobre el tipo ideal carismático y los fenómenos populistas.

— 1 —
Populismo

La identificación de los liderazgos populistas con la dominación carismática es tan extendida que no resulta exagerado postular que el carisma es condición *sine qua non* del populismo. Un repaso de los abordajes del fenómeno populista latinoamericano permite identificar que, más allá de los constructos teóricos que enmarcan cada perspectiva y más allá de los diferentes períodos históricos que llaman la atención de los analistas, lo cierto es que carismatismo y populismo son dos conceptos que han recorrido un largo camino junto.

Esto ya es así en el abordaje de las experiencias clásicas del populismo, asociadas con los liderazgos del argentino Juan Perón, del brasileño Getulio Vargas y del mexicano Lázaro Cárdenas entre otros. Si bien estas experiencias fueron abordadas desde diversas corrientes epistemológicas y líneas interpretativas (Mackinnon y Petrone, 1998), lo cierto es que las definiciones emergentes han identificado un conjunto de rasgos más o menos estables (Germani, Di Tella e Ianni, 1973; Cardoso y Faleto, 1999). Es que, en líneas generales, las conceptualizaciones del populismo clásico coinciden en la atribución de tres características. La primera de ellas alude a la alianza social que está a la base de estos liderazgos, que responde a una configuración policlasista, siendo que incluye a trabajadores urbanos y burguesía nacional entre otros sectores. La segunda característica alude a la orientación de las políticas públicas, que apuntan al desarrollo industrial, el estímulo al mercado interno y la mediación estatal en la conflictividad de clase. La tercera característica es, precisamente, el recurso en un repertorio de legitimación de tipo carismático, lo que implica un vínculo directo con las masas, atraídas por el liderazgo personal de quien conduce y movilizadas por fuera de los canales institucionales.

Hasta aquí la caracterización del populismo clásico. Ahora bien, hacia fines del siglo XX un conjunto de politólogos y sociólogos políticos identificaron rasgos populistas en presidencias como las del brasileño Fernando Collor de Melo, el peruano Alberto Fujimori y el argentino Carlos Menem (Novaro, 1995; Roberts, 2002; Zermeño, 2011). Si bien estos fenómenos políticos no respondían a los atributos de base y de agenda con que se había venido definiendo al populismo clásico, el tipo de legitimación predominante los emparentaba con aquellas experiencias. Así fue que surgió el concepto de "neopopulismo" a efectos de dar cuenta de casos de populismo que evidenciaban variaciones en dos de los atributos reconocidos en el modelo clásico. Por un lado, la alianza social de base ya no respondía a una composición policlasista, sino a una interpelación *qualunquista* a "la gente". Por otro lado, el repertorio de políticas públicas del neopopulismo ya no respondía a una agenda de industrialización, desarrollo del mercado interno y mediación de la conflictividad de clase, sino a la agenda de desregulación económica y reforma del Estado, propia del neoliberalismo. Ahora bien, más allá de estas divergencias en lo relativo a la base social y a la agenda política, los analistas se interesaron por resaltar que estas experiencias se respaldaban en una legitimación de tipo carismático, siendo que apuntaban a una proximidad sin mediaciones institucionales, catalizada por los nuevos lenguajes de comunicación de masas propios del medio televisivo. Así es que, más allá de las clarísimas diferencias en términos de base social y la agenda política, la constatación de la presencia de elementos carismáticos de legitimación política llevó a varios analistas reconocer en estos casos la presencia de liderazgos populistas de nuevo tipo.

Con el nuevo siglo, la emergencia de gobiernos progresistas, de centroizquierda o nacional-populares en América Latina fue coetánea a una renovación de la teorías del populismo: renovación que se daría en clave postestructuralista. Estas aproximaciones postestructuralistas al fenómeno del populismo encontrarán en Ernesto Laclau a su exponente más encumbrado. Precisamente, Laclau generó una profunda renovación en el estudio de los populismos, al proponer comprenderlos con prescindencia de todo atributo material o positivo, o —lo que es lo mismo— sin necesidad de referir a una base social concreta ni una agenda de políticas públicas definida. Más bien, el análisis postestructural se abocó a una caracterización formal de los juegos de relaciones a partir de los cuales se constituye una articulación populista. Sin pretender aquí ofrecer una restitución cabal de la razón populista, es posible caracterizar el fenómeno populista a partir de la identificación de tres rasgos. En primer lugar, conforme el análisis postestructural, el discurso populista opera una partición binaria del cuerpo social, tal que el pueblo resulta aquella parte que no puede constituirse plenamente debido a la opresión que sufre de parte de los poderosos. En segundo lugar, más que atribuir al populismo un repertorio de políticas públicas concreto, Laclau describe a la política populista como un encadenamiento contingente de diversas demandas, entre las que se traba cierta solidaridad estructural, en la medida en que el antagonismo con los poderosos, común a todas ellas, les impide encontrar satisfacción. En tercer lugar, este encadenamiento contingente de demandas solo puede consolidarse en términos de una articulación populista estable allí donde estas equivalencias encuentran un significante que dé nombre al conjunto y que sea revestido por una fuerte carga emotiva. Si bien es cierto que Laclau evita apoyarse en la sociología weberiana y prefiere recurrir al psicoanálisis, no menos cierto es que, en la demostración de su propia perspectiva, no tiene inconvenientes en tomar al carismatismo y al revestimiento emotivo como equivalentes (Laclau, 2005: 202, 225).

En resumen, por lo dicho hasta aquí, si el populismo clásico se define por el policlasismo, el mercadointernismo y el carismatismo; y si el neopopulismo se define por el *qualunquismo*, el neoliberalismo y el carismatismo; el populismo posestructuralista se define a su tiempo por el antagonismo, la equivalencia y el revestimiento emotivo, lo que es decir: carismatismo. A resultas de este panorama del populismo, podemos colegir que, tanto en su definición clásica como en sus variantes neopopulista y posestructuralista, el carismatismo resulta un componente permanente de la definición del populismo.

— 2 —

Subjetivismo

La sociología de la dominación de Max Weber podría haber sido un apacible relato del gradual reemplazo de la dominación tradicional por la dominación racional legal. Que esto no haya sido así se debe a la irrupción de un tercer tipo de dominación, que escapa a toda fijación histórica. Es que el carisma es, en el relato de Weber, una fuerza extracotidiana y extraordinaria, presta a irrumpir en todo tiempo y vehículo catalizador de transformaciones más o menos profundas. Procedamos en lo que sigue a una reconstrucción de la caracterización estándar del carismatismo.

En primer lugar, Weber define al carisma como la cualidad extraordinaria de una persona que es reconocida por otros como vehículo de fuerzas supernaturales o superhumanas. Weber no cree que haya rasgos objetivos que permitan reconocer al superhombre carismático. Más bien, lo decisivo es la creencia subjetiva de los adeptos de estar ante una persona excepcional (Weber, 2014: 364). Siendo así, los seguidores del líder carismático se mueven en virtud de una vinculación emotiva, en la que priman sentimientos espontáneos de admiración, entrega y confianza. De allí que el carisma consista en "una relación social rigurosamente personal", en virtud de la cual los adeptos reconocen en su líder a una persona portadora de fuerzas sobrenaturales (2014: 369).

Ahora bien, este reconocimiento lleva a los adeptos a desplegar un tipo de acción muy específico. Como es sabido, Weber describe cuatro tipos de acción, que se distinguen en función del sentido que los individuos dan a sus propias conductas, a saber: tradicional, emotiva, racional con arreglo a fines y racional con arreglo a valores (2014: 151-152). En términos generales, la legitimidad tradicional se apoya en un tipo de acción tradicional, mientras que la legitimidad racional legal se apoya en la acción racional con arreglo a fines. A su tiempo, la legitimidad carismática parece apoyarse de manera preminente en acción estrictamente emotiva. En esta línea, Weber señala que los adeptos carismáticos se entregan a una conducta "emotiva", "irracional", "espontánea", "de entrega y confianza" y de "fervor" (2014: 365, 367, 393, 1137, 1298). Weber advierte que este tipo de acción, que implica "dar rienda suelta a las pasiones del momento", se encuentra en el límite de la acción consciente o de la acción con sentido mentado, rayano a la mera conducta animal (2014: 153).

En tercer lugar, esta relación personal e irracional resulta, como es evidente, profundamente inestable. Su duración en el tiempo no está garantizada por ningún ordenamiento estatutario tradicional ni racional legal, por lo que la continuidad de la relación personal entre dirigente y dirigidos depende de la continua corroboración de las cualidades excepcionales personales del líder. Siendo así, el dirigente se ve obligado a reconfirmar permanentemente sus atributos carismáticos, dando publicidad a sus acciones extraordinarias y evidenciando su condición de superhombre: "si quiere ser un profeta, debe hacer milagros; si quiere ser un caudillo guerrero, debe realizar acciones heroicas" (2014: 1292). El dirigente debe someterse a pruebas que garanticen la corroboración de su carisma. "Si falta de un modo permanente su corroboración, si el agraciado carismático parece abandonado de su dios o de su fuerza mágica o heroica, si el éxito se le resiste a cada paso y, sobre todo, *si su jefatura no aporta ningún bienestar a los dominados*, entonces hay probabilidad de que su autoridad carismática se disipe" (2014: 365).

A resultas de esta caracterización, es posible identificar tres atributos característicos del carisma. El primero de ellos, la atribución al dirigente de cualidades personales extraordinarias; el segundo, la preeminencia de la acción emotivo e irracional en los adeptos; el tercero, la precariedad de esta relación de dominación y su dependencia de manifestaciones fastuosas y de beneficencia a los dirigidos. De allí que el carismatismo constituya un tipo ideal de dominación extraño a toda objetividad y racionalidad.

Habrá quien observe que, en el capítulo de *Economía y sociedad* dedicado a la transformación del carisma, Weber considera la posibilidad de su objetivación [*Versachlichung*] en la forma de "carisma del cargo", tomando aquí los ejemplos del carisma sacerdotal o regio. Sin embargo, debe advertirse que, en estos casos de carisma "objetivado", la creencia en la legitimidad ya no se deposita en la persona investida de autoridad, sino en el acto institucional que la inviste, ya sea unción, imposición de manos, consagración o coronación (2014: 1319 y ss.). Siendo así, deberíamos concluir que todo avance en términos de objetividad implica un retroceso en términos de carisma y un acercamiento a formas cotidianas de legitimación, basadas en normas y procedimientos estatuidos.

En síntesis, el tratamiento weberiano del carisma se deja inscribir sin problemas en la sempiterna denuncia de la tiranía, tal como puede reconocerse en el antiguo Jenofonte o en el moderno Étienne de la Boétie; denuncia de quien suplanta el gobierno conforme a leyes por el gobierno de su propia voluntad, robustecido por el culto a la personalidad del líder, por la manipulación emotiva de masas irracionales y por la compra de apoyos. Si esta fuera la última palabra de Weber, estaríamos forzados a admitir que el carisma no es más que una técnica propagandística de divinización personal del líder y de manipulación emotiva y clientelar de las masas. Siendo así, la denigración del populismo, presente tanto en el discurso académico como en el decir corriente, encontraría en la sociología weberiana una de sus fuentes intelectuales indiscutidas.

— 3 —
Objetividad

En este punto, consideramos que una lectura más detenida y matizada de la obra de Weber permite movilizar elementos que van más allá de la recurrente hostilidad hacia los liderazgos carismáticos y hacia el fenómeno populista. Si, hasta aquí, el carisma queda alcanzado por las coordenadas del subjetivismo y el irracionalismo, en lo que sigue, se ensaya un desplazamiento que permitirá reconocer una objetividad propia de la dominación carismática, así como una racionalidad específica.

Volvamos sobre la presentado hasta el momento. Venimos de identificar tres elementos característicos: el personalismo del dirigente, el irracionalismo de los dirigidos y la publicidad de las hazañas. Y bien, proponemos en lo que sigue matizar cada uno de estos tres elementos.

En primer lugar, la comprensión del personalismo atribuido a la dominación carismática puede robustecerse a partir de la restitución de la noción weberiana de personalidad [*Persönlichkeit*]. En varios episodios de su obra, Weber se interesa por definir aquello que constituye una personalidad en sentido enfático, esto es, una persona verdaderamente íntegra y singular. El primer reflejo weberiano es el de tomar distancia respecto del culto romántico de lo misterioso y lo irracional. Contra la cosmovisión romántica, Weber considera que lo propio de una verdadera personalidad es la racionalización de la propia existencia en función de "los valores y los significados últimos de la vida" (1985: 158). A distancia de toda "excitación estéril" y toda "inflamación romántica", Weber argumenta que el "hombre auténtico" es aquel que ordena su existencia en función de una causa o ideal, y alcanza solidez interior racionalizando su conducta en función de esa causa (1988: 175-176). Conforme esta comprensión, la personalidad no es un rasgo de carácter innato, sino que es el resultado de una elaboración ética y de un trabajo permanente. Todo esto es retomado en su célebre conferencia sobre la vocación científica, donde Weber sostiene que "en el terreno de la ciencia sólo posee 'personalidad' quien se entrega pura y simplemente al servicio de una causa [*Sache*]" y seguidamente aclara que "lo mismo sucede en lo que respecta a la política" (1988: 195).

Ahora bien, esta caracterización weberiana de la personalidad del científico y el político puede reconocerse también en su tratamiento del carisma. No son pocas las ocasiones en que Weber señala que adherir a un dirigente carismático equivale a compartir la causa o misión que define su personalidad: "el 'fervor', por 'personal' que sea su carácter en el caso concreto de un jefe irresistible, posee en su tendencia y en su contenido normal un rasgo 'objetivo' [*sachlich*], es decir, significa fervor por una 'causa' [*Sache*] común, por un 'resultado' racionalmente perseguido y no por una persona como tal" (2014: 1137). Los términos empleados por Weber en este caso aluden al sustantivo "*Sache*", que equivale a "cosa", "objeto", "tema" pero también "causa" y "objetivo". De allí se deriva el adjetivo "*sachlich*", de difícil traducción, que remite a atributos como "neutral", "frío", "seco", "sobrio" y "realista". Siguiendo esta línea de razonamientos, es posible identificar en el tratamiento weberiano del carisma una cualidad personal que los adeptos corroboran en el dirigente pero que, lejos de ser mero subjetivismo, alude a la causa que brinda consistencia ética a la personalidad del líder e imprime un rasgo objetivo en la relación de dominación.

La identificación de este componente objetivo permite también matizar los rasgos emotivos e irracionales tradicionalmente atribuidos a los adeptos carismáticos. Es aquí donde entra en juego un tipo de acción hasta aquí soslayada, que es la acción racional con arreglo a valores. Conforme la definición de Weber, "actúa estrictamente de un modo racional con arreglo a valores quien, sin consideración a las previsibles consecuencias, obra en sentido de sus convicciones sobre lo que el deber, la dignidad, la belleza, la sapiencia religiosa, la piedad o la trascendencia de una 'causa' [*Sache*], cualquiera sea su género, parecen ordenarle" (2014: 153). A medida que tomamos conciencia del peso que tiene la causa en la conformación de la personalidad del líder y en la consolidación del vínculo con sus adeptos, nos vemos obligados a desplazarnos de una caracterización eminentemente emotiva de la acción de los dirigidos hacia una consideración de los elementos de racionalización axiológica. Siguiendo esta línea, descubrimos que la racionalidad no es algo completamente extraño a la legitimidad carismática. Si bien el carismatismo no responde a la racionalidad con arreglo a fines, esto no implica que carezca de toda racionalidad ni que deba tenerse por irracional en todo sentido.

Consideremos ahora la tercera característica del carismatismo, esto es, su necesidad permanente de corroboración por vía de la publicidad de las hazañas. Si tenemos en cuenta las dimensiones objetivas y racionales del carismatismo que venimos de subrayar, ciertos pasajes de la obra de Weber adquieren nueva coloración: "El portador del carisma abraza el cometido que le ha sido asignado y exige obediencia y adhesión en virtud de su misión. El éxito decide sobre ello. Si las personas entre las cuales se siente enviado no reconocen su misión, su exigencia se malogra. Si la reconocen, se convierte en su 'señor' mientras pueda mantener por la 'prueba' tal reconocimiento" (2014: 1290). Aquí el reconocimiento de parte de los adeptos, lejos de ser subjetivo o irracional, se juega en el éxito que tiene el dirigente al momento de postularse como verdadero representante de la causa a la que se ha entregado. Si el dirigente falla al momento de representar la causa o ideal que lo acomuna con sus dirigidos, el vínculo pierde su objetividad y racionalidad específicas.

A resultas de este análisis, una lectura detenida del corpus weberiano permite matizar la tradicional definición del carisma, basada en su identificación con el subjetivismo, el irracionalismo y la manipulación. Al personalismo subjetivista es posible contraponer la comprensión weberiana de lo que constituye una personalidad. Al definir la personalidad como una individualidad singular, cuya integridad depende del compromiso con una causa o ideal, Weber termina por identificar un componente objetivo de la personalidad. De allí que, entre las cualidades personales que los dirigidos reconocen en el líder, gane centralidad la integridad que resulta del compromiso con esa causa. Siendo así, resulta posible superar la caracterización de la conducta de masas como algo meramente emotivo y siempre rayano al furor irracional. Precisamente, Weber prevé la racionalización axiológica del vínculo carismático, desde el momento en tanto el dirigente como los dirigidos se vinculan con una causa común que resulta objeto de misión, deber o mandato. Todo esto permite, en tercer lugar, ir más allá del culto a la personalidad del líder, reconociendo que la corroboración del vínculo carismático implica que los dirigidos reconozcan en el dirigente su continua vinculación con la causa común.

Carismatismo

Al iniciar este capítulo, hemos recuperado el tratamiento habitual del carisma que, tomando como fuente autorizada la sociología de Max Weber, carga las tintas sobre los componentes subjetivos e irracionales de la dominación carismática. De allí que el carisma haya quedado identificado, tanto en el discurso académico como en el decir corriente, como un fenómeno subjetivo y ajeno por definición a toda racionalidad. Pero esto no es todo. Siendo que la ciencia y la sociología política latinoamericana han señalado que el carisma es un atributo *sine qua non* de todo populismo, estos componentes subjetivos e irracionales han pasado a formar parte eminente de toda definición del populismo, consolidando así una pareja conceptual sobre la que ha pesado una carga valorativa fuertemente peyorativa.

En vista de este panorama, una relectura de la obra de Max Weber permite abrir otra vía de comprensión del carismatismo, habilitando la posibilidad de reconocer y comprender aquellas relaciones de dominación carismática que no quedan inmediatamente engullidas por la noche del subjetivismo y el irracionalismo.

Concretamente, entendemos que nuestra lectura detenida del corpus weberiano permite identificar varios pasajes en los cuales la relación entre el líder carismático y sus dirigidos aparece triangulada por la común incardinación en una causa o ideal que los vincula a ambos por igual. Siendo así, aquello que los adeptos carismáticos reconocen en su líder —y que brinda al carisma su particular objetividad— es su incardinación en una causa, ideal o valor en el que también ellos se incardinan. Es en virtud de la representación de un valor común que el líder adquiere su carisma y la relación carismática alcanza su objetividad.

Habilitar este camino interpretativo exige poner en suspenso la asociación automática entre lo racional, lo objetivo y lo impersonal y su antagonismo con la tríada, igualmente automática, de lo irracional, lo subjetivo y lo personal. En gran medida, este camino ha sido ya recorrido por la teoría social y política que advierte sobre las derivas ominosas de la burocratización. Precisamente, la teoría política weberiana ha permitido advertir cómo el dominio objetivo e impersonal de las burocracias resulta vehículo de las experiencias políticas más irracionales. Menos explorado ha sido el camino que explora las posibilidades racionales y objetivas de lo personal.

Las conclusiones a las que aquí se arriba pueden contribuir en este sentido.

En todo caso, lo tratado hasta aquí no pretende dar por tierra con la caracterización estándar del carisma weberiano, que está por lo demás presente todo a lo largo de su obra. Antes bien, lo que pretende hacerse notar aquí es que el estudio weberiano del carisma está transido por una ambivalencia u oscilación, que habilita una latitud de posibilidades que no deberían ser ocluidas en un sentido u otro. Siendo así, la dominación carismática podría dar lugar a expresiones subjetivísimas e irracionales tanto como a otras expresiones, tendientes a la racionalización axiológica y a la objetividad. Una comprensión así permitiría proyectar mayor luz analítica en la cerrada noche de la razón con la que el carisma ha venido siendo identificado, a efectos de habilitar distinciones internas entre diferentes relaciones de dominación consideradas en principio como igualmente carismáticas.

Consideramos, en suma, que admitir la presencia de componentes objetivos en el carisma puede contribuir a la comprensión de la racionalidad propia de los liderazgos populistas. De admitir esta posibilidad, el populismo dejaría de ser tildado de mero irracionalismo y despachado como mera manipulación emotiva, para habilitar análisis más sopesados y desprejuiciados en torno a las causas o valores que informan a las experiencias populistas. En esta línea, el estudio teórico-político de estas causas o valores podría contribuir a una comprensión más sobria y profunda de los fenómenos políticos latinoamericanos de los siglos presente y pasado. De ser así, la apelación carismática a valores de largo arraigo en nuestra historia y tradición políticas —como los de lo nacional-popular o los del patriotismo— difícilmente podrá seguir despachándose como un viso de irracionalismo o como una mera cuestión de significantes vacíos.

Referencias bibliográficas

Aronson, Perla (2011). La centralidad del carisma en la sociología política de Max Weber. *Entramados y perspectivas, 1* (1), 109-126.

Barros, Sebastián (2014). *Momentums, demos* y baremos. Lo popular en los análisis del populismo latinoamericano. *Post-DATA, 19* (2), 315-344.

Breuer, Stephan (1996). *Burocracia y carisma. La sociología política de Max Weber.* Valencia: Alfons el Magnànin.

Cardoso, Fernando Henrique y Faletto, Enzo (1999). *Dependencia y desarrollo en América Latina.* Buenos Aires: Siglo Veintiuno.

Casullo, María Esperanza (2014). ¿En el nombre del pueblo? Por qué estudiar al populismo hoy. *Post-DATA, 19* (2), 277-313.

De la Torre, Carlos (2016). Los avatares del carisma en el estudio del populismo latinoamericano. En Álvaro Morcillo y Eduardo Weisz (Eds.), *Max Weber en Iberoamérica. Nuevas interpretaciones, estudios empíricos y recepción*. México: Fondo de Cultura Económica.

Forti, Simona (2014). *Los nuevos demonios. Repensar hoy el mal y el poder.* Buenos Aires: Edhasa.

Germani, Gino; Di Tella, Torcuato e Ianni, Octavio (1973). *Populismo y contradicciones de clase en Latinoamérica.* México: Serie popular Era.

Friedrich, Carl (1961). Political Leadership and the Problem of the Charismatic Power. *The Journal of Politics, 23*, 3-24.

Laclau, Ernesto (2005). *La razón populista.* Buenos Aires: Fondo de Cultura Económica.

Mackinnon, María Moria y Petrone, Mario Alberto (2011). *Populismo y neopopulismo en América Latina.* Buenos Aires: Eudeba.

Novaro, Marcos (1995). Crisis de representación, neopopulismo y consolidación democrática. *Sociedad, 6*, 95-117.

—— (2000). *Representación y liderazgo en las democracias contemporáneas.* Rosario: Homo Sapiens.

Roberts, Kenneth (2002). El sistema de partidos y la transformación de la representación política en la era neoliberal latinoamericana. En Marcelo Cavarozzi y Juan Abal Medina (Comps.), *El asedio a la política.* Rosario: Homo Sapiens.

Weber, Max (1985). *Sobre la teoría de las ciencias sociales.* Barcelona: Planeta Agostini.

—— (1988). *El político y el científico.* Madrid: Alianza.

—— (2014). *Economía y sociedad.* México: Fondo de Cultura Económica.

CAPÍTULO 4

Patriotismo

La apelación a las nociones de patria y patriotismo ha sido una constante de las democracias sudamericanas del nuevo siglo. En coincidencia con el bicentenario de las independencias nacionales, la reorientación político-ideológica de gran parte de los gobiernos de América del Sur se ha nutrido en medida no desdeñable de la constelación de palabras dispuestas en torno a la noción de patria. Ante la crisis finisecular del neoliberalismo en la región, varios países asumieron una orientación económica heterodoxa, combinada con políticas sociales de amplio alcance; esto, en el marco de una novedosa autonomía respecto de las directrices de los organismos multilaterales de crédito. El conjunto de estos cambios encontró una de sus formas expresivas en el recurso a la idea de haber "recuperado la patria" o de haber vuelto a "tener patria". Al mismo tiempo, los continuos esfuerzos con vistas a la integración sudamericana se nutrieron de la idea de "patria grande", que tuvo uno de sus hitos en la IV Cumbre de las Américas, celebrada en la ciudad argentina de Mar del Plata en el año 2005. En aquella ocasión los presidentes sudamericanos lograron contrarrestar con éxito las presiones en favor de la extensión del tratado de libre comercio de América del Norte a todo el continente. Estas apelaciones a la idea de tener patria y a la noción de patria grande han coexistido, en Argentina, con el singular *dictum* oficial de "la patria es el otro". Precisamente, en ocasión del 31° aniversario del inicio del conflicto de Malvinas, la presidenta Cristina Fernández de Kirchner invitó a mantener el reclamo por la soberanía de las islas, apelando a una concepción de patriotismo superadora de toda prepotencia nacionalista.

Ahora bien, esta actualidad del patriotismo en las democracias sudamericanas del siglo XXI contrasta con la recepción más bien distante y suspicaz que la teoría le tributa. Una marca de esta suspicacia resulta del hecho llamativo de que incluso quienes promovieron desde la teoría la identificación de la patria con el otro, prefirieron internarse en los meandros existencialistas y postestructuralistas de la otredad, desembarazándose de las onerosas resonancias que despierta la apelación al patriotismo. Reinhart Koselleck permite ganar claridad respecto de la incomodidad que este término suscita. Koselleck admite que "la patria fue durante los siglos precedentes un principio óptimo" de organización política, pero agrega que, en la actualidad, los fenómenos de integración económica, ambiental, comunicacional y política definitorios del proceso de globalización han hecho del patriotismo un principio "dudoso". Concluye Koselleck que "frente a este proceso encontramos arcaica la exigencia de fundar o recuperar una patria, un planteamiento fundamentalista que sigue proliferando en todo el planeta" (Koselleck, 2012: 155). El patriotismo: un repertorio político de cierta utilidad en el pasado, de palpable obsolescencia en el mundo globalizado y de ominosa actualidad en los fundamentalismos de diversas latitudes. En suma, un anacronismo que irrumpe en las formas del nihilismo activo posmoderno.

¿Debemos concluir que el patriotismo constituye en tiempo presente una rémora incompatible con los principios y exigencias de la democracia contemporánea? ¿O es posible pensar una articulación no antagónica entre patriotismo y democracia? A efectos de atender a estas preguntas, resulta imprescindible ganar claridad teórica sobre la noción de patriotismo. Lo que se propone a continuación es, precisamente, una revista de este concepto. La tarea de una teoría política del patriotismo adquiere aquí la forma de una interrogación de nuestra tradición de pensamiento político, que permita recuperar la densidad histórica y conceptual que es interpelada cada vez que se invoca este nombre. En esta tarea, consideramos que es posible singularizar tres concepciones de patriotismo, que atesoran grandes ideas e ideales sublimes, pero también inconsistencias singulares e ingentes peligros.

La primera de estas concepciones, tal vez la que más inmediatamente resuena, es la que identifica el patriotismo con el amor a la nación. Elaborado al calor de la Revolución francesa, este patriotismo de la nación concitará los sentimientos más sublimes de compromiso activo con la comunidad política, pero no tardará en llegar al umbral en que el amor intenso por los compatriotas se encuentra con la intolerancia a las minorías y la hostilidad a lo extranjero.

La segunda concepción del patriotismo se propone como antídoto a los abusos del nacionalismo, identificando al objeto del amor patriótico ya no con la nación sino con la república. El patriotismo se define así en clave republicana, como amor a la libertad común y compromiso activo con las leyes e instituciones que la garantizan. En la fe de que nadie puede amar a una nación opresiva y cruel, emerge este patriotismo de las instituciones libres, de la pluralidad y de las virtudes cívicas. Sin embargo, este patriotismo de la república tiene su reverso en un patriotismo mesiánico, en virtud del cual una comunidad se erige en representante de principios humanos universales, devolviendo actualidad a las cruzadas contra los enemigos de la humanidad.

La tercera concepción del patriotismo se identifica con el amor al prójimo. Inserto en la tradición cristiana, este mandato de caridad apela a un sentido de obligación y compromiso comunitario que no tiene la forma del orgullo patriótico sino de la compasión ante el prójimo sufriente. Este patriotismo de la compasión presenta dos peligros simétricos. En su inflación sentimental, conduce al terrorismo de la virtud. En su elaboración racional, conduce a la superación cosmopolita de la comunidad política.

Amor a la nación, amor a la república, amor al prójimo: lo que sigue es la reconstrucción de cada una de estas concepciones del patriotismo. Esto, a efectos de tomar notar de la herencia de sentidos, con sus bienes y sus acreencias, que la tradición nos lega. El interés que mueve este esfuerzo de restitución no es el de predicar verdad y falsedad respecto de cada una de estas concepciones, para confirmar unas y refutar otras, sino el de ganar densidad teórica en el conocimiento de la tradición múltiple que es interpelada y puesta en acto cada vez que invocamos a la patria.

— 1 —

Nacionalismo

De las acepciones posibles del patriotismo, la que más inmediatamente resuena es la que apunta al amor a la nación. Es que, por lo general, las nociones de patria y nación resultan intercambiables, permitiendo la identificación correlativa de los sentimientos nacionalistas con los patrióticos. Ante esto, algunos pensadores eminentes han remarcado la necesidad de distinguir el patriotismo republicano clásico del nacionalismo de masas contemporáneo (Hobsbawm, 1998: 95; Viroli, 1995: 1, 161). Esto permitiría preservar al patriotismo, entendido como lealtad política de los ciudadanos a su régimen, de los peligros del nacionalismo, entendido como apego prepolítico a la propia etnia y cultura. El riesgo de establecer una distinción de este tipo es el de imprimir sobre la tradición una dicotomización exagerada, que difícilmente haga justicia a los materiales disponibles (Canovan, 2000; Campi, 2006). Es que la sinonimia entre patria y nación no es exclusiva del lenguaje corriente, sino que está presente en nuestra tradición de pensamiento político. Ni siquiera quienes insisten en la estricta distinción entre patria y nación pueden negar que, durante los siglos XIX y XX, se produce una suerte de "nacionalización del patriotismo", esto es, de captura del discurso patriótico por la retórica nacionalista (Viroli, 1995: 140 y ss.). En esta confusión entre patria y nación puede señalarse un error teórico o una fatalidad histórica. Proponemos en lo que sigue asumir más bien que la identificación del patriotismo con el amor a la nación constituye una de sus definiciones permanentes.

Dicho esto, estamos obligados a admitir que el concepto de patriotismo reactiva todas las dificultades y problemas relativos a lo nacional. Precisamente, la primera dificultad que sale a nuestro encuentro es la relativa a la definición misma de nación. Una mirada panorámica sobre este concepto resulta necesaria a efectos de comprender en qué consiste este singular amor patriótico. Si bien la historia del concepto de nación puede remontarnos a los precedentes hebreo *goyim*, griego *ethnos* y romano *natio*, lo cierto es que la nación solo logra constituirse en un concepto político consistente a partir del siglo XVIII (Campi, 2006: 81-94; Palti, 2003: 9). Esto, en el marco de las doctrinas del derecho natural que identifican a la nación con el cuerpo político emergente de la asociación de individuos deseosos de proteger sus vidas y libertades. En esta línea, el panfleto de Emmanuel Sieyès sobre el tercer estado resulta una aportación paradigmática. Allí, Sieyès identifica que la nación surge de la decisión de individuos aislados de formar una asociación política. El resultado inmediato de esta asociación es la formación de una nación, portadora de una voluntad común en condiciones de darse un Estado y un orden jurídico. De este modo, la nación resulta

     LA VIDA PÚBLICA DE LAS PALABRAS

el sujeto jurídico-político del poder constituyente, fuente de toda ley positiva: "la nación existe con anterioridad a todo, es el origen de todo" (Sieyès, 1991: 212). En los albores de la Revolución francesa, en el marco de la discusión sobre la composición y sistema de votación de los Estados Generales, conceder el poder constituyente a la totalidad de los individuos asociados, sin distinción de órdenes ni privilegios, imprimía en el concepto ilustrado de nación un sentido democrático eminente. Si el poder constituyente pertenece a la nación, y la nación no es otra cosa que la totalidad de los individuos que deciden asociarse, la Asamblea Constituyente deberá integrarse respetando la igual libertad de todos sus miembros.

Resulta habitual contraponer al concepto ilustrado de nación su elaboración romántica. El énfasis del romanticismo puede comprenderse si introducimos en el relato de Sieyès la pregunta por el idioma en que se redacta la Constitución. Precisamente, el romanticismo pone en duda la idea de individuos aislados que eventualmente deciden asociarse, e insta en cambio a reconocer la preexistencia de comunidades orgánicas, lingüísticas y culturales que determinan a los individuos desde el vamos. Si es cierto, tal como sostiene la perspectiva ilustrada, que los poderes constituidos dependen de la voluntad de los individuos que se asocian para darse un orden, no menos cierto es que, con anterioridad a esta decisión de formar una voluntad común, los individuos ya están vinculados por lazos orgánicos, por una lengua y una cultura comunes que son condición de posibilidad del entendimiento y la cooperación. A las abstracciones y al especulatismo de la nación ilustrada, el romanticismo contrapondrá el hecho innegable de que el sujeto no preexiste a sus condiciones históricas de existencia (Palti, 2003: 47). La alternativa emerge con claridad: el determinismo romántico contrapuesto al voluntarismo ilustrado, el innegable influjo de los factores naturales relativizando el libre concurso de las voluntades individuales. Se reconoce que es Herder quien da inicio a la concepción romántica del nacionalismo, al concebir a cada nación con un organismo singular y discreto. A la nación orgánica corresponde un singular espíritu del pueblo, que encuentra su expresión superlativa en el lenguaje. Sin embargo, la serie que enlaza nación orgánica, espíritu del pueblo y lenguaje tiene para Herder connotaciones cosmopolitas: "no hay ningún pueblo que sea el pueblo escogido por Dios en exclusiva; todos han de buscar la verdad, el jardín de la mejor comunidad ha de ser cultivado por todos (...), ningún pueblo de Europa puede cerrarse frente a los otros y decir neciamente: en mí y solo en mí mora toda la sabiduría" (Zafranski, 2009: 28). En un esquema que será retomado por Giuseppe Mazzini, la nación constituye el peldaño sobre el cual el individuo alcanza la firmeza y elevación suficientes para conectarse con la humanidad. Ahora bien, pronto el concepto romántico de nación perderá sus originales connotaciones cosmopolitas, para enfatizar el exclusivismo de los factores lingüísticos, culturales y étnicos. A partir de aquí, la literatura especializada señala dos cursos del nacionalismo: por un lado, un nacionalismo ilustrado, democrático y con aspiraciones cosmopolitas; por otro lado, un nacionalismo romántico, tradicionalista y con derivas belicistas.

Contra la pretensión de la nación de inscribirse en una genealogía que se remonta al inicio de los tiempos, surge toda una historiografía orientada a demostrar que aquello que llamamos "nación" es un artificio eminentemente moderno. Este concepto anti-genealógico o constructivista encuentra su elaboración más precisa en la célebre definición de nación como "comunidad imaginada", provista por Benedict Anderson. La tarea deconstructiva coronada por Anderson encuentra su antecedente más saliente en la conferencia de Ernest Renan de 1882, publicada bajo el título *¿Qué es una nación?* Allí Renan señala los equívocos permanentes que surgen del intento de definir la nación en base a criterios objetivos, sean dinásticos, raciales, lingüísticos, religiosos, económicos o geográficos. Toda definición material de la nación se encuentra asediada por excepciones y reparos que la vuelven a fin de cuentas insostenible. Tras sentenciar que "el olvido y (...) el error histórico son factores esenciales de la creación de una nación", Renan propone abordar la nación como principio espiritual, indicando dos manifestaciones del "alma" nacional: por un lado, la nación es el recuerdo de una historia de victorias y derrotas, de glorias, sacrificios y sufrimientos; a su vez, la nación es también la voluntad de vivir juntos y de seguir haciendo valer esa herencia común (Renan, 2010: 40, 64). De tal modo, la nación no es esa magnitud objetiva que determina a los individuos desde el origen de los tiempos; se trata más bien de un fenómeno espiritual, fruto de la memoria y la voluntad de los individuos que deciden integrarla; la nación es, en célebre metáfora de Renan, "un plebiscito cotidiano" (2010: 66).

En el camino iniciado por Renan se ubica la deriva del concepto antigenealógico de nación, nutrido por la historiografía del siglo XX. Ernest Gellner, Benedict Anderson y Eric Hobsbawm brindan las tres aportaciones más salientes a la deconstrucción del concepto de nación. En primer lugar, Gellner postula la necesidad de invertir la relación causal entre nación y Estado propuesta por Sieyès, contraponiendo la tesis de que son las políticas nacionalistas promovidas desde el Estado las que engendran la ilusión retrospectiva de la pertenencia a una nación (Gellner, 1991: 17, 80). En la perspectiva de Gellner, la emergencia del capitalismo industrial determina una serie de transformaciones demográficas, culturales y políticas que trastocan los fundamentos tradicionales de la autoridad, exigiendo nuevos criterios de legitimación. En este marco, la nación no resulta más que un expediente dentro de los intentos de revestir de legitimidad al Estado capitalista. Benedict Anderson y Eric Hobsbawm morigeran el determinismo económico y el unilateralismo de Gellner, manteniendo sin embargo la idea de nación como artificio. Anderson propone en esta línea definir a la nación como "una comunidad política imaginada como inherentemente limitada y soberana" (2006: 23). A diferencia de Gellner, Anderson remarca que la comunidad imaginaria que constituye a la nación no debe contraponerse a supuestas comunidades verdaderas: invención no equivale aquí a falsa conciencia. Más bien, toda comunidad se constituye a partir de la imaginación que permite integrar individuos que no se conocen de primera mano (2006: 24). La comunidad nacional es tan imaginaria como la comunidad de la aldea o del barrio. Ahora bien, la riqueza de su planteo está asociada a la reconstrucción de las condiciones que hicieron posible imaginar comunidades nacionales. Entre ellas, Anderson singulariza la importancia de la imprenta y del desarrollo capitalista, que estimularon la estandarización y difusión de lenguajes nacionales, por encima de los dialectos locales y por debajo de la universalidad del latín, permitiendo la unificación político-administrativa, económica y cultural de las poblaciones de vastos territorios. En una línea semejante, Hobsbawm se preocupa por reseñar el modo en que los movimientos populares contribuyen a la invención de la nación. De este modo, Hobsbawm sostiene la tesis constructivista de la nación, pero cuestiona que el Estado sea el artífice exclusivo de este artefacto cultural.

Ilustración, romanticismo, constructivismo. La nación como asociación de individuos en una voluntad común constituyente; la nación como comunidad orgánica de lengua y cultura; la nación como comunidad imaginada. En la parábola delineada por estas concepciones se descubre un concepto inestable, disputado. Ahora bien, estas caracterizaciones no permiten explicar qué fuerza conduce a los connacionales a comprometerse activamente con su pertenencia nacional. Si los individuos se asocian para su seguridad y protección, ¿cómo se explica que se expongan al peligro en aras precisamente de aquello que debería protegerlos? Si la nación es la comunidad orgánica de lengua y cultura, ¿cómo se explica que los individuos se sacrifiquen por una magnitud natural que no eligieron y que los determina independientemente de su voluntad? En definitiva, si la nación no es más que una comunidad imaginada, "[¿qué] explica el apego de los hombres a los frutos de su imaginación[?] (...) ¿por qué los individuos están dispuestos a morir por estas invenciones?" (Anderson, 2006: 200). Si patriotismo significa "amor a la nación", una cabal comprensión del patriotismo debería prestar tanta atención al concepto de "nación" como al del "amor" que ella reporta. Y bien, ¿qué tipo de amor es el amor a la nación?

En su análisis de los antecedentes y desarrollo de la Revolución francesa, Hannah Arendt remarca el modo en que Rousseau, Sieyès y, finalmente, Robespierre contribuyeron al encumbramiento del principio nacional. Indica Arendt que, en Francia, la nación pasó a ocupar el lugar dejado vacante por la monarquía absoluta. De este modo, la nación "se calz[ó] los zapatos del príncipe" haciéndose del poder supremo, portador de una voluntad que es fuente de todo derecho (Arendt, 2004: 210). Arendt se pregunta en qué condiciones pudo concebirse la idea de que la multitud de los individuos reunidos pudiera ser portadora de una voluntad única e indivisible: "Desde un punto de vista político, [se] daba por supuesta la existencia (...) del poder unificador del enemigo nacional común. Solamente en presencia del enemigo es posible que se dé tal cosa como *la nation une et indivisible*, el ideal del nacionalismo francés y de todos los demás nacionalismos" (Arendt, 2004: 103). Así, indica Arendt que la hostilidad es condición de la afirmación de la unidad nacional. Esa hostilidad puede ser fruto de una amenaza efectiva o un riesgo potencial, puede provenir del extranjero o surgir entre los mismos connacionales. Para Arendt, Rousseau descubre el enemigo común dentro de la nación en los intereses particulares de los ciudadanos, que minan desde dentro las determinaciones de la voluntad general. Este enemigo interior será posteriormente identificado por Sieyès con la nobleza, que encadena con sus privilegios al cuerpo nacional, anticipando en cierta manera el terror jacobino, lanzado a la caza de los traidores de la Revolución. En suma, Arendt identifica el principio nacional con el ideal de unificación de las voluntades, que solo se consigue mediante la identificación de una enemistad común.

Así entonces, más allá de las aspiraciones cosmopolitas compartidas por la ilustración y el primer romanticismo, lo cierto es que el concepto moderno de nación es desde sus comienzos un concepto político-polémico, que solo gana densidad política en función de la identificación de un enemigo. Esta polemicidad inherente constituye un rasgo constante del amor a la nación, que habrá de mantenerse todo a lo largo del siglo XIX. Al respecto, sostiene Alessandro Campi:

> En la construcción del "nosotros" nacional de los distintos pueblos europeos, las guerras (aquellas por la supremacía y aquellas por la independencia), el llamado a las armas y la educación militar contaron más que los libros y las proclamas de los periódicos: desde las sublevaciones antinapoleónicas de las primeras décadas del siglo XIX hasta la guerra franco-prusiana de 1870-71, pasando por los "movimientos nacionales" de 1830 y 1848, la "conciencia nacional" fue construida, muy a menudo, por oposición y contraste, sobre el filo del odio recíproco entre comunidades históricas, y casi siempre en el contexto de dramáticas fracturas (luchas civiles, revoluciones, rebeliones, verdaderos conflictos armados). (2006: 138)

El caso de las naciones hispanoamericanas no resulta en este punto distinguible. Elías Palti señala que, en el contexto de las revoluciones de independencia, el principio de autodeterminación no lograba conjurar la arbitrariedad de los respectivos límites nacionales. Es que el principio según el cual, depuesto el monarca, la soberanía retrovertía en el pueblo, no permitía delimitar de qué pueblo se trataba: "no había forma de justificar racionalmente (más allá de la pura contingencia de la suerte en el campo de batalla) por qué Bolivia o Paraguay son naciones independientes y no lo son las provincias del litoral argentino" (Palti, 2003: 132). En este marco, la apelación al "principio de umbral" apuntaba a la idea de que solo pueden ser naciones aquellas unidades que alcancen la fuerza suficiente para defender su independencia ante ataques externos y separatismos internos. El componente polémico del concepto de nación está así presente desde los inicios de las independencias latinoamericanas. La posterior elaboración romántica de genealogías nacionales, que apuntaron a asentar la unidad política sobre la preexistencia de rasgos compartidos, no prescindirá de la apelación a la hostilidad, tanto externa como interna, trabando en muchos casos un duelo de tres en que el criollo se enfrentaba al metropolitano y al aborigen. Ya en el siglo XX, la inmigración masiva y la emergencia de las masas urbanas reforzarán la apelación nacionalista. Al calor de los acontecimientos de la Gran Guerra, de la Revolución rusa y, posteriormente, de la crisis del '30, emergerán expresiones nacionalistas con diferentes grados de hostilidad hacia lo extranjero (Terán, 2008: 191 y ss.).

En suma, es al calor de la hostilidad interna o externa que el concepto de nación (sea ilustrado o romántico) pierde su orientación cosmopolita, para volverse progresivamente exclusivista y agresivo. En este marco, la nación evidencia una singular intensidad política. De aceptar el concepto schmittiano de la política como el mayor grado de intensidad de una asociación y disociación, de recuperar la distinción amigo/enemigo como el criterio político específico, resulta evidente que la nación solo alcanza densidad política allí donde agrupa de manera intensa a quienes antagonizan con un enemigo común. Schmitt define al enemigo como aquel que niega nuestro "propio modo de existir", nuestro "propio, peculiar modo de vida" (2001: 177-8). Lo más significativo de este planteo es que, en su esfuerzo por una definición autónoma de lo político, Schmitt se rehúsa a derivar la unidad política de determinaciones morales, económicas, religiosas o del tipo que sea. Si la nación constituye una magnitud política no es en virtud de la materialidad de caracteres lingüísticos, étnicos, religiosos o culturales preexistentes. Más bien, es solo gracias al conflicto intenso que resulta posible reconocer al "enemigo" y, en el mismo gesto, reconocer aquello que nos hace "amigos". La nación como magnitud política no preexiste al conflicto intenso que la hace salir a la luz. En este sentido es que puede comprenderse la distinción schmittiana entre pueblo [*Volk*] y nación. En su reconstrucción de la doctrina francesa del poder constituyente, Schmitt sostiene que, si el pueblo es un fenómeno meramente cultural, "una asociación de hombres unidos en alguna manera de coincidencia étnica y cultural", la nación en cambio es una "unidad política con capacidad de obrar y con conciencia de su singularidad política y la voluntad de existencia política"; la nación es "un pueblo capaz de actuar, despierto a la conciencia política" (2011: 127, 93). Schmitt reconoce que "diversos elementos pueden cooperar a la unidad de la nación y a la conciencia de esa unidad: lengua común, comunidad de destinos históricos, tradiciones y recuerdos, metas y esperanzas políticas comunes" y, si bien concede gran importancia al lenguaje común, señala que "revoluciones auténticas y guerras victoriosas" superan incluso los contrastes idiomáticos, fundando el sentimiento de comunidad nacional (2011: 300).

En este marco, resulta posible identificar qué tipo de sentimiento se moviliza en el amor a la nación. Ernest Renan da en la tecla cuando sostiene que "un pasado heroico, grandes hombres, gloria (entiéndase, la auténtica): este es el capital social en el que se funda una idea nacional" (2010: 64). El apego a la nación no es más que ese deseo de participar de la heroicidad, la grandeza y la gloria nacional. Norbert Elias comenta en este sentido que "el amor a la propia nación nunca es solamente un amor a los hombres o a grupos humanos a los que se denomina 'ellos'; es también siempre el amor a un colectivo al que uno se dirige como 'nosotros'. Como sea, también es una forma de amor a sí mismo" (2009: 165). En definitiva, el amor a la nación resulta equiparable a lo que la filosofía antigua identificaba con el término *thymos*, esto es, el deseo de gloria y honores, de sobreponerse a los demás y ser venerado (Platón, *República*, 439e-441e, 548a-d).

En suma, la politicidad inherente al concepto de nación viene dictada por la intensidad específica del criterio amigo/enemigo, que implica tanto homogeneidad de los amigos como hostilidad ante los enemigos. Con independencia del concepto de nación que se promueva, lo cierto es que el apego a la nación (sea histórica, natural o inventada) se define como *thymos*, como deseo de gloria y honores, y se inscribe así en las coordenadas de la intensidad, la homogeneidad y la hostilidad. De este modo, el patriotismo definido como amor a la nación nos conduce al umbral en que la unión intensa de los connacionales se encuentra con la desconfianza hacia lo heterogéneo y la hostilidad hacia lo extranjero.

— 2 —

Republicanismo

A partir de la posguerra, una serie destacada de pensadores políticos intentaron encontrar una alternativa a la intolerancia y hostilidad del sentimiento nacionalista que no implicara resignarse al cultivo de un individualismo desafecto y desinteresado por los asuntos comunes. Este camino intermedio entre el fundamentalismo nacionalista y el individualismo de mercado fue habilitado gracias a la recuperación de la tradición republicana. Esto ha dado lugar a una rehabilitación del patriotismo, identificado ya no con el amor a la nación, sino con el amor a la república. A diferencia del patriotismo nacionalista, que implica aferrarse a una identidad singular y excluyente, el amor a la república constituye un sentimiento eminentemente político, definido por el compromiso activo con el régimen que permite la libertad común. Recuperando una tradición que se remonta a la república romana y que encuentra sus expresiones más intensas en el renacimiento florentino, en la Revolución inglesa y en la independencia norteamericana, el republicanismo (con su énfasis en la pluralidad, las libertades civiles y políticas, y las virtudes cívicas) aparece en condiciones de proporcionar un "antídoto" al esencialismo y particularismo de la retórica nacionalista (Viroli, 1995: 8, 14, 66, 115, 165). En su recuperación de la tradición del patriotismo republicano, Maurizio Viroli sostiene:

> Todos los teóricos que han argumentado en favor del patriotismo basado en la idea de que amar al propio país significa amar a la república en tanto comunidad política basada en el principio de libertad común, con su propia cultura y modo de vida, están indicando de hecho la posibilidad de un patriotismo sin nacionalismo. Es un patriotismo que enfatiza que el amor de los ciudadanos puede y debe obtenerse principalmente por medios políticos; es decir, a través de la práctica del buen gobierno y a través de la justicia. Y por justicia quieren decir la protección de los derechos civiles y de los derechos políticos de los ciudadanos. (1995: 183)

En su gran mayoría, los promotores del patriotismo republicano reconocen en la constitución norteamericana su modelo contemporáneo (Canovan, 2000: 417). En su reconstrucción de la Revolución norteamericana, Hannah Arendt remarca el hecho de que los constituyentes idearon una república federal que permitió eludir el principio nacional. Los ensayos contenidos en *El Federalista* dan cuenta del modo en que una gran unión federal multiplica las opiniones, pasiones e intereses, evitando el poder opresivo de las mayorías y permitiendo así preservar la libertad política (Madison, 2012: 35 y ss.). A la homogeneidad y hostilidad del principio nacional, Arendt contrapone el principio federal: "el principio de una 'comunidad por multiplicación' (...) según el cual los cuerpos políticos constituidos pueden combinarse y entrar a formar parte de alianzas duraderas sin que, por eso, pierdan su identidad" (2004: 234). De este modo, el patriotismo cívico norteamericano no aparece vinculado con una identidad nacional prepolítica, sino con un régimen institucional que, en virtud de su arreglo representativo, republicano y federal, acoge la libertad común y el pluralismo. En esta modelización, los Estados Unidos son presentados como una patria sin nación.

La identificación del patriotismo con el amor a la república recibió un impulso decisivo en la propuesta de Jürgen Habermas de un patriotismo constitucional. Con su propuesta, Habermas recupera la caracterización que el politólogo alemán Adolf Sternberger hiciera de su país hacia fines de la década del '70. En el contexto de la Alemania de posguerra, la retórica del nacionalismo resultaba vedada. A la experiencia nacionalsocialista se sumaba el hecho doloroso de la división del país en dos unidades políticas. En este marco, Sternberger observa sin embargo la emergencia de un sentimiento patriótico vinculado con el orden constitucional. Si bien la Constitución de la República Federal fue redactada en un contexto "sombrío", "depresivo" y marcado por el "duelo", Sternberger remarca que, una vez puesta en marcha, esa Constitución dio lugar al Estado de derecho y al ejercicio de las libertades, recibiendo el progresivo reconocimiento de parte de los ciudadanos. Así, Sternberger afirma: "Un nuevo patriotismo, de segundo orden, se formó de manera imperceptible, uno fundado sobre la base de la Constitución. El sentimiento nacional permanece herido; no vivimos en una Alemania completa. Pero vivimos en una Constitución completa, en un Estado completamente constitucional, y eso es en sí mismo una clase de patria" (Sternberger, 1992: 13-14). En el patriotismo constitucional [*Verfassungspatriotismus*] de Sternberger, Habermas reconoce la posibilidad de un compromiso cívico y de una identidad común que eluda las gravosas consecuencias del nacionalismo. En el decir de Habermas, "esta sobria identidad política se disocia (...) de ese trasfondo de un pasado centrado en términos de historia nacional" comprometido con "continuidades triunfales" y con el "bárbaro lado nocturno" que acompaña a las adquisiciones culturales (2007: 94). En el patriotismo constitucional de Sternberger, Habermas reconoce el inicio de una identidad postnacional: "las formas de vida y tradiciones propias quedan recubiertas por un patriotismo que se ha vuelto más abstracto, que no se refiere ya al todo concreto de una nación, sino a procedimientos y a principios abstractos. Y éstos se refieren, a su vez, a las condiciones de convivencia y comunicación de formas de vida diversas, provistas de iguales derechos, coexistentes tanto en el interior como hacia el exterior" (2007: 101). El patriotismo constitucional se identifica así con la promoción del Estado de derecho y los derechos humanos, abriendo paso, más allá de las identidades nacionales, a una política cosmopolita.

En este marco, resulta inevitable preguntarse si la identificación con los valores de la Constitución está en condiciones de concitar el compromiso extendido y políticamente significativo al que apela el concepto de patriotismo. Sin dudas, el humanismo puede ser el contenido de una ética individual intensa; pero ¿puede el humanismo abstracto ser la base de un sentimiento y un compromiso patriótico que resulte políticamente significativo, esto es, que involucre al conjunto de los ciudadanos de manera intensa? Estas objeciones son retomadas por Maurizio Viroli en el marco de su defensa de un patriotismo no nacionalista. Al igual que Habermas, Viroli se esfuerza por oponer patriotismo y nacionalismo, identificando que los principios republicanos que el primero moviliza constituyen el antídoto a las tendencias exclusivistas y homogeneizantes del segundo. Pero esta distinción no obliga a Viroli a asumir una definición abstracta del patriotismo. El caso de Maquiavelo resulta en este punto paradigmático: su elogio de los principios republicanos resulta para Viroli inseparable de su amor a la ciudad de Florencia. Con esto, Viroli insiste en que la tradición republicana postula una virtud cívica resumible en la idea de "amor a la libertad común": no se trata del amor indefinido a un principio de libertad abstracto, sino del compromiso con nuestras libertades, con las libertades que nosotros tenemos en común. Así, este "republicanismo enraizado" permitiría conjurar los peligros del particularismo nacionalista y las abstracciones del universalismo humanista (Canovan, 2000: 428-431). En cierta medida, las objeciones de Viroli ya eran anticipadas por Habermas, al señalar que las ideas abstractas de democracia y derechos humanos encuentran su concreción en las tradiciones nacionales, en el lenguaje, en la literatura, en la historia. Al respecto Habermas testimonia: "para nosotros, ciudadanos de la República Federal, el patriotismo de la Constitución significa, entre otras cosas, el orgullo de haber logrado superar duraderamente el fascismo, establecer un Estado de Derecho y anclar éste en una cultura política que, pese a todo, es más o menos liberal" (2007: 115-116). Esto es decir que el patriotismo de la Constitución, tanto como el patriotismo republicano en general, implica un amor a los principios universales que la propia comunidad ha conquistado y preserva.

Este juego entre patria particular y principios universales puede reconocerse ya en la apelación de Domingo Faustino Sarmiento a la "nación cívica", definida en la intersección de una genealogía nacional de elaboración romántica con la postulación de principios democráticos y republicanos. La combinación sarmientina se enmarca en una filosofía de la historia que identifica en las particularidades del continente americano la superficie fértil para el despliegue de los principios universales de libertad e igualdad (Villavicencio, 2010). En todos estos casos, el amor a la patria resulta de la combinación del amor a lo "nuestro" con el amor a lo "bueno" (Strauss, 2014: 121). Entre el *dictum* nacionalista de Carl Schurz —*my country, right or wrong*— y el *dictum* cosmopolita de Cicerón —*ubi bene ibi patria*— emerge el patriotismo republicano, como un canto a los laureles que supimos conseguir.

Estos señalamientos permiten reconocer qué tipo de amor es el involucrado en el patriotismo republicano. El amor a la república no es más que el orgullo de formar parte de una comunidad política que expresa, representa y promueve los principios universales del Estado de derecho y los derechos humanos. El patriotismo republicano se distingue del nacionalismo por conjugar las singularidades de la propia comunidad con la apelación a principios generalizables, interpretando la propia historia nacional como el esfuerzo particular por alcanzar los principios universales. Sin embargo, resulta inevitable señalar que el patriotismo nacionalista y el republicano tienen en común el sentimiento de orgullo colectivo, que se enraíza en el deseo timótico de gloria y honores. La identificación habermasiana del patriotismo constitucional con el "orgullo" es antecedida por el llamado de Sternberger a cumplir con el "deber patriótico" de defender la Constitución ante sus "enemigos declarados" (Sternberger, 1992: 16). Reinhardt Koselleck describe, en esta línea, cómo el patriotismo de los principios universales termina por confundirse con el patriotismo nacionalista. Para Koselleck, las guerras en nombre de la justicia universal, tanto como las conducidas en nombre de la justicia nacional, forman parten parte del mismo concepto de patriotismo: "ambas alternativas se excluyen desde una perspectiva lógica, pero fácticamente se refuerzan recíprocamente" (2012: 148).

Resulta en este punto interesante recuperar el documentado estudio sobre el patriotismo que Robert Michels condujo en el período de entreguerras. Si bien allí se identifica la importancia de los relatos sobre el origen [*Woher*] en la elaboración de los mitos nacionales, Michels concede mayor relevancia a los relatos sobre el destino [*Wohin*] o sobre la misión que las naciones modernas elaboran para sí. Por caso, Michels indica que la misión de propagar los principios revolucionarios de libertad, igualdad y fraternidad resulta crucial en la constitución de la nacionalidad francesa. En esta misma línea, Michels reconoce que, a partir de la Primera Guerra Mundial, se generaliza entre los principales contendientes el mito nacional de ser portadores de la misión democrática (Michels, 1929: 15, 38, 42-44). En estas misiones patrióticas, Michels reconoce un componente teológico y mesiánico, que instila al patriotismo de un sentido de carisma y santidad. Anticipando ideas que Carl Schmitt desarrollará posteriormente, Michels identifica ya en la Gran Guerra que "cada nación consideraba al oponente no solo como enemigo sino, casi como en las guerras religiosas del pasado, como excomulgados, herejes e infieles (contrapuestos a la 'cultura' sagrada o a la 'democracia' sagrada)" (1929: 44). Así, el patriotismo republicano, convertido en patriotismo mesiánico, abre paso a la restitución del concepto de "guerra justa", esto es, de una guerra conducida contra los enemigos de la justicia universal (Schmitt, 2005: 354-356).

La principal objeción al nacionalismo es la de haber promovido identificaciones particularistas tan intensas que condujeron a las guerras y masacres más atroces. Cabe preguntarse cuán atroz pueden ser las guerras y masacres cuando lo que hay que defender no es una particularidad sino algo de orden universal, es decir, cuánta violencia puede admitirse cuando lo que está en juego no es la subsistencia de una nación, sino la subsistencia de la humanidad. En su manifestación intensa, el patriotismo entendido como amor a la república se revela como el sustento de las guerras postmodernas, conducidas en nombre de los derechos humanos y libradas contra los enemigos de la humanidad en su conjunto.

— 3 —
Caridad

L legados a este punto, el debate contemporáneo sobre el patriotismo se encuentra en un callejón sin salida aparente. Los sentimientos de nobleza y elevación que el amor a la nación puede concitar pronto muestran su reverso en el orgullo colectivo, en el deseo timótico de participar de la gloria nacional y de contribuir a su historia triunfal. El patriotismo de la nación se descubre así como amor de sí mismo a escala nacional, alarde timótico, deseo de reconocimiento del ser nacional. El patriotismo de la nación conduce finalmente a las coordenadas de la unión intensa, la homogeneidad hacia el interior y la hostilidad hacia lo externo.

Contra los peligros del nacionalismo, se erige la propuesta de un patriotismo republicano, que ya no es amor a un nosotros particular y excluyente, sino amor a la libertad común y a las leyes e instituciones que la garantizan. En su apelación a principios universales, este patriotismo de la Constitución o de la república se propone hallar un compromiso político que no se alimente de la desconfianza hacia el diferente y el extranjero. Sin embargo, este amor a la república demuestra no estar a la altura del desafío propuesto. El reverso de este amor a la libertad común es la asunción mesiánica de una misión internacional: la de defender y promover a escala planetaria los valores universales que la propia comunidad encarna. De este modo, lejos de proporcionar el antídoto al orgullo nacionalista, el republicanismo inocula al patriotismo de una tarea mesiánica, que inflama aún más el orgullo colectivo, llamado ahora a salvar la humanidad de sus enemigos.

Lo dicho hasta aquí pareciera ser suficiente para condenar al patriotismo en todas sus variantes, llamando al resignado cultivo de una individualidad desafecta. Antes de proceder a la sentencia, deberíamos cerciorarnos de haber considerado todas las pruebas. En particular, deberíamos asegurarnos de que nuestra tradición no conserve ciertos documentos que permitan argumentar en favor de un patriotismo no timótico. La pregunta, en todo caso, es si nuestra tradición nos permite pensar en un compromiso intenso entre compatriotas que no tenga la forma del orgullo nacionalista o del mesianismo republicano. Se trata de explorar la posibilidad de un sentimiento patriótico que no sea mero amor a sí mismo. Precisamente, este el sentido de la identificación del patriotismo con el amor al prójimo.

Esta concepción del patriotismo está presente todo a lo largo de nuestra tradición de pensamiento político, pero ha sido eclipsada en gran medida por las variantes timóticas, quedando relegada a un segundo plano, cuando no al completo olvido. Sin embargo, este patriotismo del amor al prójimo persiste en el decir corriente. Esta persistencia es la que permite, por ejemplo, identificar de "patriada" a los gestos de ayuda desinteresada a los compatriotas en dificultades. Este patriotismo de la benevolencia o la caridad, de clara raigambre cristiana, puede reconocerse ya en el republicanismo romano. Viroli identifica en Cicerón la presencia de un compromiso patriótico que tiene la forma de la caridad: "los ciudadanos deben a su patria, siguiendo la exhortación típica, un amor benevolente similar al afecto que sienten por sus padres y familiares, un amor que se expresa en actos de servicio [*officium*] y de cuidado [*cultus*]" (1995: 19-20). De este modo, Viroli encuentra en el republicanismo romano un antecedente de la caridad cristiana, esto es, del mandato de amor al prójimo. Ahora bien, respecto del patriotismo, la tradición cristiana resulta ambivalente. Es que, durante la edad media el cristianismo no reconocerá otra lealtad que la que reclama la *patria Paradisi*, haciendo de la Ciudad de Dios la única patria de los cristianos. Pero, al mismo tiempo, la concepción de la comunidad de los creyentes como un *Corpus Mysticum* unido por la caridad constituirá un antecedente central en la reemergencia del patriotismo secular: "*amor patriae in radice charitatis fundatur*" (Kantorowicz, 1951: 475-476, 484-491). La enseñanza cristiana de amar a Dios sobre todas las cosas y al prójimo como a uno mismo encontrará así su expresión secular en el deber de amor a la patria y a los compatriotas.

Las versiones secularizadas del derecho natural, impedidas de apelar al mandato divino, anclan la preocupación activa por el prójimo en la pasión humana de la compasión. Hobbes indica que el compañerismo [*fellow feeling*] procede de la compasión, entendida como el dolor causado por la calamidad ajena, unido a la idea de que lo mismo puede ocurrirnos a nosotros (*Leviatán*, 6). El "juicioso" Locke solo logra justificar la sociedad adquisitiva sobre la base de su contribución a la mejora de los menos aventajados (*Ensayo sobre el entendimiento humano*, IV, 12; Strauss, 2013: 277). Más conocida es la aversión natural que el buen salvaje rousseauniano siente ante el sufrimiento de sus semejantes (*Segundo discurso*). Incluso Adam Smith admite que, por más egoísta que se considere al hombre, está en su naturaleza interesarse por la suerte de los otros. En su teoría de los sentimientos morales, Smith vuelve sobre la condolencia [*fellow feeling*] que despierta el sufrimiento ajeno, para señalar cómo esta compasión da lugar a lazos de simpatía que ganan fuerza en relación con la proximidad. En esta simpatía, Smith reconoce las fuerzas centrípetas que contrarrestan el natural egoísmo. Concluye Smith: "Así como amar a nuestro prójimo como nos amamos a nosotros mismos es el gran principio cristiano, así el gran precepto de la

naturaleza es tan solo amarse a sí mismo como amamos a nuestro
prójimo, o, lo que es lo mismo, como nuestro prójimo es capaz de
amarnos" (Smith, 2004: 53-4). La compasión se encuentra así a la
base de una simpatía recíproca que enlaza los corazones de los individuos. Inscripto en este linaje, el contractualismo contemporáneo
de John Rawls afirma que el tratamiento preferencial de los menos
aventajados constituye uno de los principios de justicia que todo
individuo racional y autointeresado debería admitir en la posición
originaria. En este principio descansa para Rawls la verdadera fraternidad de los hombres. Resulta significativo, de todos modos, que
la importancia de los derechos sociales se devalúe en cuanto estos
entran en conflicto con los derechos civiles y políticos. Precisamente, en la propuesta de Rawls, la consideración por los menos favo-
recidos no debe llevarse más allá del estricto respeto del Estado de
derecho y de la libertad de mercado (2006: 66, 68, 107-108). Esta
indicación resulta de la sistemática de una doctrina iusnaturalista
que encuentra su fundamento en los derechos inalienables del individuo. En este marco, toda preocupación activa por la suerte de los
otros queda a fin de cuentas subordinada a la lógica del autointerés,
asumiendo cuanto más un rol compensatorio.

Mientras el fundamento de la comunidad política se identifique
con la afirmación inconcesiva de los derechos del individuo, el amor
al prójimo permanecerá recluido a un rol compensatorio y, en gran
medida, políticamente marginal. Si, en cambio, pretendemos reconocer en el amor al prójimo una expresión del patriotismo, resulta
necesario alejarse de la axiomática individualista del derecho natural moderno. Este es precisamente el camino que emprende Simone
Weil al restituir la perspectiva clásica de la ley natural, poniendo al
deber por encima del derecho. Sostiene Weil: "La noción de obligación prima sobre la de derecho, que está subordinada a ella y es
relativa a ella. Un derecho no es eficaz por sí mismo, sino solo por
la obligación que le corresponde. El cumplimiento efectivo de un
derecho no depende de quien lo posee, sino de los demás hombres,
que se sienten obligados a algo hacia él" (1996: 23). Si bien derecho
y deber no son más que las caras objetiva y subjetiva de una misma
relación, lo cierto es que el derecho individual es ontológicamente
deudor de la obligación común. El individuo posee un derecho desde el momento en que los demás están obligados hacia él: nadie es
sujeto directo de derecho; más bien, todos somos sujetos directos
de obligaciones (Esposito, 2005: 38). El primer ejemplo introduci-

do por Weil es el de la "obligación eterna" de no dejar que el otro pase hambre. Es solo en virtud de esta obligación que un hombre puede tener el derecho al alimento (Weil, 1996: 25). Procediendo por analogía, Weil identifica una serie de necesidades del cuerpo y del alma que concitan la obligación común. Entre ellas, subraya que "echar raíces quizás sea la necesidad más importante e ignorada del alma humana" (Weil, 1996: 51). Esta necesidad de enraizamiento reactualiza la pregunta por la relación entre obligación y patriotismo.

Cerca del final de la Segunda Guerra Mundial, Weil insta a repensar el patriotismo francés. La invasión alemana primero y la colaboración de Vichy después dan por tierra con la posibilidad de seguir apelando a una historia triunfal y a una gloriosa misión. Ante esto, Weil cuestiona el orgullo patriótico de pertenecer a la nación de la Revolución francesa, indicando que ese patriotismo ya había desaparecido con la represión masiva de la Comuna de 1871. No solo Francia, sostiene Weil, sino "el mundo necesita (…) un patriotismo nuevo" (1996: 121). Ahora bien, ¿qué motivo no timótico puede inspirar al patriotismo nuevo que el mundo de posguerra necesita? Weil responde a esta pregunta, singularizando un sentimiento patriótico, conmovedor y enérgico, en condiciones de reemplazar las inflamaciones del orgullo: se trata de la compasión por la patria.

> Ese sentimiento de punzante ternura por una cosa bella, preciosa, frágil y perecedera, tiene un calor distinto al de la grandeza nacional. La energía de la que procede es muy intensa y perfectamente pura. ¿Acaso un hombre no es capaz de heroísmo para proteger a sus hijos o a sus padres ancianos, los cuales no se asocian comúnmente al prestigio de grandeza? Un amor perfectamente puro hacia la patria tiene afinidades con los sentimientos que le inspiran a un hombre sus hijos, sus padres ya mayores o una mujer amada. La idea de la debilidad puede inflamar el amor tanto como la de la fuerza, pero se trata de una llama con una muy distinta pureza. La compasión por la fragilidad va siempre unida al amor de la auténtica belleza, pues sentimos vivamente que las cosas verdaderamente bellas deberían tener asegurada una existencia eterna, y no la tienen. (1996: 138 [traducción ligeramente modificada])

En la compasión por la patria, en el amor compasivo ante la fragilidad de lo que nos es próximo, Weil reconoce un móvil susceptible de concitar la misma intensidad patriótica que el orgullo. Pero compasión y orgullo resultan dos sentimientos por completo distintos. "Mientras que el orgullo de la grandeza nacional es por naturaleza excluyente e intransferible, la compasión es por naturaleza universal; únicamente es más virtual para las cosas lejanas y extranjeras y más real, más carnal, más cargada de sangre, de lágrimas y de energía eficaz para las cosas próximas" (Weil, 1996: 140). Weil agrega que, a diferencia del orgullo nacional, el patriotismo inspirado en la compasión confiere a la parte más pobre del pueblo un lugar moral privilegiado. Es que las glorias y honores de la nación llegan a los sectores más postergados como un eco lejano y ajeno, pero el conocimiento que el pueblo tiene de la realidad de la desgracia le permite sentir como propio el patriotismo de la compasión: "Si se estableciera entre la patria y el pueblo una relación así, el pueblo ya no sentiría sus propios sufrimientos como crímenes de la patria hacia él sino como males sufridos por la patria en él" (1996: 142).

Ahora bien, ¿cuál es reverso de este patriotismo de la compasión? ¿Qué de este amor al prójimo merece nuestras reservas? El estudio arendtiano de la cuestión social en la Revolución francesa puede brindarnos una orientación en este punto. Sostiene Arendt que "la historia de las revoluciones del pasado demuestra sin lugar a dudas que todos los intentos realizados para resolver la cuestión social con medios políticos conducen al terror" (2004: 148). En principio, la pendiente que nos empuja desde la preocupación política por la cuestión social hacia el terror se presenta como irresistible. Arendt indica que fue en el transcurso de la Revolución francesa que la cuestión social, esto es, el hecho de la pobreza, devino un asunto político de primer orden (2004: 79). Ante el carácter deshumanizante y abyecto de la indigencia y la miseria, los revolucionarios encontraron inspiración en la compasión: "la pasión más poderosa y devastadora" (2004: 95). La compasión es, precisamente, la pasión que se despierta ante la presencia del sufrimiento ajeno: "Su fuerza depende de la fuerza de la propia pasión, la cual, en oposición a la razón, solo puede comprender lo particular, sin noción alguna de lo general ni capacidad de generalización" (2004: 113). Arendt indica que fue Rousseau quien introdujo la compasión en la teoría política, generando un desgarramiento insuperable entre las exigencias naturales de todo corazón bondadoso y las exigencias artificiales de todo orden político. Es que la aversión natural al sufrimiento del prójimo traba al sufriente y al espectador en una relación inmediata de empatía, que anula la distancia entre ambos y prescinde de toda palabra. Semejante al amor íntimo, esta inmediatez de la compasión anula el espacio interhumano, el espacio público en que la política es posible. En este sentido, la compasión es para Arendt algo extraño a la política, incompatible en todo caso con el espacio público de aparición. Ahora bien, fue Robespierre quien llevó esta pasión a las calles, al introducirla en la política bajo la forma de la piedad. La piedad ya no es una pasión, ya no depende de la afección inmediata que el sufriente imprime en el espectador. Más bien, la piedad constituye un sentimiento que puede activarse y expandirse en ausencia de estímulo. Este sentimiento se alimenta de la glorificación del padecimiento del prójimo y del disfrute derivado de la constatar la propia bondad. A diferencia de la compasión, efecto limitado de un estímulo limitado, la piedad es un sentimiento que puede inflamarse de manera ilimitada. Robespierre eleva esta emotividad piadosa, en su inflación romántica, al panteón de las virtudes políticas. Si la virtud política consiste en cultivar un corazón bondadoso, la tarea política eminente será defenderse de quienes tienen un corazón de piedra, insensible al sufrimiento de los otros. De aquí se deriva la caza de los descorazonados y los hipócritas, y el terror de la virtud. De este modo, Arendt completa una serie funesta: cuestión social, compasión, piedad, bondad, hipocresía, terror. El intento de escapar de las terribles consecuencias del orgullo patriótico por vía de la compasión nos devuelve a un escenario aún más ominoso y terrible: el de la dictadura de los corazones puros, que perenniza el sufrimiento de quienes sufren, anulando el espacio público e inmovilizándolos políticamente, al tiempo que promueve la caza de los descorazonados y los hipócritas.

Sin embargo, la serie delineada por Arendt presenta una bifurcación en un punto decisivo. Precisamente, en el pasaje de la compasión a la piedad, Arendt identifica una vía alternativa que fue desestimada por los jacobinos, pero que persiste como una posibilidad permanente. Se trata de la solidaridad. Arendt puntualiza que la solidaridad no es una pasión ni un sentimiento, sino un principio; y que, en tanto tal, participa de la razón y es susceptible de generalización. Si bien este principio es promovido por la compasión, termina por independizarse de la pasión, encontrando en la razón su propia guía. En este punto, Arendt no se aleja de la propuesta de Weil. Es que, al igual que Arendt, Weil se interesa por aquella deriva de la compasión que participa de la razón y que puede predisponer al discernimiento del bien y el mal, sin perder de vista las injusticias y los errores (Weil, 1996: 139). Algo similar sostiene Martha Nussbaum, cuando enfatiza el hecho de que la compasión es una emoción que puede tener derivas agresivas pero que, en tanto emoción, depende del pensamiento y es susceptible de educación (Nussbaum, 2002: x-xi).

Arendt indica que, en virtud de su carácter racional, la solidaridad constituye el principio de aquellas acciones políticas que permiten "fundar (...) una comunidad de intereses con los oprimidos y explotados" (2004: 117-118). Así concebido, el principio de solidaridad es reconocible en las grandes estructuras de la seguridad social. Precisamente, el dolor causado por la calamidad ajena (pobreza, vejez, enfermedad, accidentes, etc.) unido a la idea de que todos estamos expuestos a los mismos riesgos constituye el supuesto filosófico a la base de la mutualización de riesgos sociales que definen al Estado de bienestar (Castel, 2004: 35-44; Rosanvallon, 1995: 17-27).

Ahora bien, identificar al patriotismo con el amor al prójimo implica asumir que el sentimiento compasivo es más intenso cuánto más próximo está el sufriente y que ese sentimiento se debilita en la misma medida en que amplía la distancia. Sin embargo, la racionalización de la compasión en términos de principio de acción permite expandir la solidaridad más allá de las coordenadas de la proximidad, alcanzando a una clase, a un pueblo o incluso a la humanidad entera (Arendt, 2004: 117-118). Sobre esta base, Nussbaum identifica en la compasión el principio de una política que necesariamente va más allá del patriotismo, desplegándose en clave cosmopolita (2002: 2-17). La paradoja implicada en este punto puede ser ilustrada por la propuesta de Gianni Vattimo de identificar caridad cristiana con pensamiento débil. El mandamiento cristiano de amor al prójimo constituye, en la perspectiva de Vattimo, el criterio último que permite cuestionar todos los dogmas, jerarquías y exclusiones de la estructura eclesiástica. Ante el principio irrenunciable de la caridad, todos los órdenes históricos se vuelven relativos. Así, la caridad demuestra actuar del mismo modo que el pensamiento débil, disolviendo las "estructuras eternas" y denunciando toda "superstición metafísica". Ahora bien, debe subrayarse en este punto que la caridad solo está en condiciones de proveer un criterio deconstructivo. Esto implica perder de vista la importancia de erigir y preservar las estructuras políticas al interior de las cuales la caridad es posible (Vattimo, 1996). En línea con lo antedicho, la caridad podría dar lugar a un "patriotismo débil". El riesgo es el de debilitar el patriotismo al punto de su inanidad.

La paradoja que de aquí resulta puede ser planteada también en términos arendtianos. Por un lado, la racionalización de la compasión conduce al principio político de solidaridad, permitiendo fundar una comunidad de intereses que incluye a los oprimidos y explotados. Esta comunidad de intereses tiene su forma histórica en el Estado nación contemporáneo, que reconoce y garantiza los derechos de sus ciudadanos. Es en tanto que ciudadanos de una nación determinada que los hombres gozan del "derecho a tener derechos" (Arendt, 2006: 420). La paradoja resulta del hecho de que la misma racionalización implicada en el principio de solidaridad obliga a expandir los limitados alcances de la compasión, generalizándola al conjunto del género humano. De modo que, para ser efectiva, la solidaridad exige una comunidad limitada al tiempo que cuestiona estos mismos límites. Definido como amor al próximo, el patriotismo se disuelve en clave cosmopolita. Finalmente, nos encontramos ante la paradójica afirmación de un patriotismo que se niega a sí mismo.

— 4 —

Patriotismo

La reconstrucción del patriotismo en sus diferentes concepciones pareciera justificar en gran medida la indiferencia y desprecio que el término concita en gran parte de la teoría política contemporánea. En primer lugar, el amor a la nación acuñado al calor de la Revolución francesa y atesorado por un siglo de elaboración romántica se descubre deudor de la lógica amigo/enemigo. De este modo, la unión intensa que el patriotismo de la nación concita es inseparable de la intolerancia hacia lo heterogéneo y la hostilidad hacia lo extranjero. El patriotismo resulta de este modo un amor a sí mismo a escala nacional, amor que tiene la forma del deseo timótico de gloria y honores, de ser reconocido y sobreponerse a los otros. El amor a la nación se revela como el principio a la base de las guerras interestatales clásicas.

En su lugar, asiste el amor a la república, proporcionado como antídoto para las inflamaciones nacionalistas. Este amor a la libertad común y a las leyes e instituciones que la garantizan permite concitar un compromiso patriótico, evitando los riegos del nacionalismo.

El riesgo de la intolerancia a lo heterogéneo queda neutralizado por el principio republicano de pluralidad, mientras que la hostilidad hacia lo extranjero queda también superada por la apelación a principios universales. Si este patriotismo no resulta una abstracción carente de eficacia política, es debido a que siempre se trata de un republicanismo enraizado, es decir, de un amor a "nuestras libertades" o de un orgullo colectivo por haber conquistado instituciones libres, incardinadas en principios universales. De este modo, el patriotismo de la república se define, al igual que el nacionalismo, como un amor a sí mismo, alimentado por el deseo timótico de gloria y honores. El correlato internacional de este patriotismo es el llamado mesiánico a promover los principios universales que la propia patria encarna. El amor a la república se revela como el principio a la base de las guerras postmodernas.

Finalmente, el amor al prójimo emerge como la última alternativa disponible ante los peligros del patriotismo nacional y republicano. Reconociendo su linaje en el mandato cristiano de caridad, este patriotismo apela a un sentido de compromiso comunitario que, a diferencia de los anteriores, no tiene la forma del orgullo patriótico, sino la de la compasión ante el prójimo sufriente. El patriotismo emerge de la obligación ante el sufrimiento del compatriota, concitando un heroísmo tan intenso como el que pueda despertar el orgullo. Así y todo, el patriotismo de la compasión presenta dos peligros simétricos. Por un lado, la inflamación romántica del sentimiento patriótico deriva en una glorificación del sufrimiento, que inmoviliza políticamente al compatriota sufriente, volviéndolo puro objeto de benevolencia; al tiempo que la manifestación intensa de este encumbramiento político del corazón deriva en la hostilidad hacia los corazones endurecidos y la persecución de los hipócritas. Por otro lado, la elaboración racional de la compasión en términos de principio de acción da rienda suelta a una generalización de la solidaridad que termina poniendo en cuestión los límites de la misma comunidad política. De este modo, el patriotismo de la compasión resulta ser un estadio intermedio hacia la solidaridad cosmopolita.

Ante este pesado panorama, resulta tentadora la propuesta de Reinhart Koselleck de dejar el patriotismo en el pasado. Tal vez no haya más que renegar de la herencia recibida, rechazarla en su anacronismo y fundamentalismo, señalar el error o la fatalidad en todo intento de reactivarla. Antes de proceder al saldo y liquidación, cabe preguntarse si es posible contrarrestar los irrefrenables poderes que moviliza el patriotismo en sus diferentes concepciones. La pregunta en este punto es si no cabe pensar que el mismo patriotismo contiene la clave de su propia redención. Parafraseando a Montesquieu, puede que solo el patriotismo contenga al patriotismo. En este sentido, habría que preguntarse si las tres concepciones de patriotismo identificadas no pueden articularse de tal modo de conservar sus virtudes y neutralizar sus peligros. Cabría pensar entonces en la posibilidad de enlazar estas tres concepciones conformando un triángulo que mantenga cada uno de sus vértices en relación y en tensión recíproca, evitando así sus derivas extremistas.

De ensayar esta articulación, podría pensarse que el amor a la nación, como algo limitado y finito, puede servir de contención al universalismo mesiánico del republicanismo. De igual modo, este patriotismo de la nación puede contribuir al sostenimiento del Estado, estructura imprescindible para la efectuación del principio político de solidaridad.

En segundo lugar, cabría pensar en qué medida el patriotismo de la república puede contener al exclusivismo y esencialismo nacionales, imprimiendo al mismo tiempo en el principio de solidaridad la preocupación por la subjetivación activa de los sectores populares y por el respeto del pluralismo y de las minorías.

En tercer lugar, debería pensarse en qué medida la compasión por la patria puede atemperar el deseo timótico que está a la base del orgullo colectivo, tanto en su expresión nacional como republicana; y, finalmente, en qué medida el patriotismo compasivo permite cuestionar las expresiones más elitistas del republicanismo, restituyendo una preocupación por las minorías que no equivalga a la preservación de privilegios.

Todo esto pareciera exigir el arte exacto y el espíritu impasible de un geómetra. La dificultad de la tarea no resulta desdeñable, y no queda claro si la teoría política está en condiciones de asumir el desafío. En este punto, las reflexiones de Leo Strauss sobre la relación entre la filosofía y la política permiten dar un paso adelante (Strauss, 2007: 51 y ss.; 2014: 78-91). Strauss sostiene a grandes rasgos que, si la virtud de la teoría es la exactitud, la virtud de la política es la prudencia. Ahora bien, la teoría política se encuentra a medio camino entre las exigencias de la teoría y las exigencias de la política. Esto implica que la práctica teórica, cuando está movida por la preocupación política, debe combinar precisión y prudencia. En nuestra presentación de las diferentes concepciones del patriotismo, hemos hecho primar la exigencia de precisión. Es en virtud de esta exigencia que nos hemos visto obligados en cada caso a considerar el caso extremo, siendo que, tal como lo indicó Max Weber, extremar los términos permite deshacerse de toda ambigüedad y comprender las posiciones en juego con cabal exactitud (Weber, 1985: 19). Pero, como hemos dicho, no solo de exactitud vive la teoría política. Más bien, el cuerpo de la teoría política está hecho de conceptos precisos, unidos por coyunturas prudentes.

En esta línea, el ejercicio de una teoría política del patriotismo debe partir de una restitución precisa de sus diversas concepciones y de una consideración impasible de sus derivas más extremas. Pero también debe avanzar, más allá de las exigencias propias de la teoría, hacia una consideración sensible a la latitud de expresiones que el patriotismo admite en la actualidad y sensible también a la dinámica que se articula entre la diversidad de sus acepciones. Allí donde la pura teoría no ve más que contradicción o inconsistencia, la teoría política puede observar latitud política y articulación dinámica. En definitiva, solo una perspectiva atenta a las exigencias teóricas de exactitud y a las exigencias políticas de prudencia, esto es, solo una perspectiva teórica y política, está en condiciones de superar las censuras más obtusas, para abrirse a la comprensión y evaluación de las realidades latinoamericanas del nuevo siglo.

Referencias bibliográficas

Anderson, Benedict (2006). *Comunidades imaginadas*. México: Fondo de Cultura Económica.

Arendt, Hannah (2004). *Sobre la revolución*. Madrid: Alianza.

—— (2006). *Los orígenes del totalitarismo*. Madrid: Alianza.

Campi, Alessandro (2006). *Nación. Léxico de la política*. Buenos Aires: Nueva Visión.

Canovan, Margaret (2000). Patriotism is Not Enough. *British Journal of Political Science, 30* (3), 413-432.

Catanzaro, Gisela (2011). *La nación entre la naturaleza y la historia*. Buenos Aires: Fondo de Cultura Económica.

Castel, Robert (2004). *La inseguridad social. ¿Qué es estar protegido?*. Buenos Aires: Manantial.

Elias, Norbert (2009). *Los alemanes*. Buenos Aires: Nueva Trilce.

Esposito, Roberto (2005). *Immunitas. Protección y negación de la vida*. Buenos Aires: Amorrortu.

Gellner, Ernest (1994). *Naciones y nacionalismo*. Buenos Aires: Alianza.

Habermas, Jürgen (2007). *Identidades nacionales y postnacionales*. Madrid: Tecnos.

Hobsbawm, Eric (1998). *Naciones y nacionalismo desde 1780*. Barcelona: Crítica.

Kantorowicz, Ernst (1951). Pro Patria Mori in Medieval Political Thought. *The American Historical Review, 56* (3), 472-492.

Koselleck, Reinhart (2012). *Historia de conceptos*. Madrid: Trotta.

Madison, James (2012). El federalista, X. En Alexander Hamilton, James Madison y John Jay, *El federalista*. México: Fondo de Cultura Económica.

Michels, Robert (1929). *Der Patriotismus. Prolegomena zu seiner soziologischen Analyse*. Munich y Leipzig: Duncker & Humblot.

Nussbaum, Martha (2002). *For Love of Country?* Boston: Beacon Press.

Palti, Elías (2003). *La nación como problema*. Buenos Aires: Fondo de Cultura Económica.

Rawls, John (2006). *Teoría de la justicia*. México: Fondo de Cultura Económica.

Renan, Ernest (2010). *¿Qué es una nación?*. Buenos Aires: Hydra.

Rosanvallon, Pierre (1995). *La nueva cuestión social*. Buenos Aires: Manantial.

Safranski, Rüdiger (2009). *Romanticismo. Una odisea del espíritu alemán*. Barcelona: Tusquets.

Schmitt, Carl (2001). El concepto de lo político. En Héctor Orestes Aguilar (Comp.), *Carl Schmitt, teólogo de la política*. México: Fondo de Cultura Económica.

—— (2002). *El Nomos de la Tierra en el Derecho de Gentes del "jus publicum europaeum"*. Granada: Editorial Gomares. Struhart.

—— (2011). *Teoría de la constitución*. Madrid: Alianza.

Smith, Adam (2004). *Teoría de los sentimientos morales*. México: Fondo de Cultura Económica.

Sieyès, Emmanuel (1991). *¿Qué es el tercer estado?*. Madrid: Espasa Calpe.

Sternberger, Dolf (1992). *Verfassungspatriotismus* (1979). *Schriften* (v. 10). Frankfurt am Main: Insel.

Strauss, Leo (2007). *El renacimiento del racionalismo político clásico*. Buenos Aires: Amorrortu.

—— (2013). *Derecho natural e historia*. Buenos Aires: Prometeo.

—— (2014). *¿Qué es filosofía política? y otros ensayos*. Madrid: Alianza.

Terán, Oscar (2008). *Historia de las ideas en la Argentina*. Buenos Aires: Siglo Veintiuno.

Vattimo, Gianni (1996). *Creer que se cree*. Madrid: Paidós.

Villavicencio, Susana (2010). Sarmiento y la nación cívica. *Amérique Latine. Histoire et Mémoire. Les Cahiers ALHIM. 19*. Recuperado de http://alhim.revues.org/3511.

Viroli, Maurizio (1995). *For Love of Country. An Essay on Patriotism and Nationalism*. Nueva York: Oxford University Press.

Weber, Max (1985). *Sobre la teoría de las ciencias sociales*. Barcelona: Planeta Agostini.

Weil, Simone (1996). *Echar raíces*. Madrid: Trotta.

CAPÍTULO 5

Opinión pública

En septiembre de 2013, el entonces jefe de gobierno porteño, Mauricio Macri, dio cuenta de las presiones recibidas para conformar un amplio frente electoral a efectos de "poner fin al kirchnerismo". En ocasión de una entrevista con el diario *Perfil*, Macri explicitó el poderoso influjo ejercido en ese sentido por el "círculo rojo", al que caracterizó sucintamente como "distintas personas del mundo del hacer, del pensar". El entrevistador inquirió si con ese término refería al multimedios *Clarín*, que tiempo después comenzaría a llevar un círculo rojo por *logo*. La respuesta recibida fue que prefería no dar nombres ni personalizar. El dirigente, que accedió a la política desde el mundo empresarial, solo llegó a esbozar que estaba pensando en sus "amigos" (*Perfil*, 04/09/13).

Muy pronto, esta denominación de lo que hasta entonces era aludido con el anglicismo *establishment* concitó el recelo y rechazo propios de la sensibilidad democrática. Macri se esforzó en lo sucesivo por brindar una definición más aceptable de lo referido con ese término. Habían pasado dos días cuando, ante periodistas de *Canal 26*, Macri identificó al círculo rojo con una "minoría sumamente politizada", esto es, con aquellas personas "que leen el diario todos los días, que ven los programas políticos, que siempre están interactuando con nosotros". No se trata, redundó Macri, del "ciudadano promedio, que se desentiende de la política" sino "de cualquier ciudadano muy politizado" (*La Nación*, 04/09/2013).

Con este desplazamiento de aquella inicial caracterización oligárquica a una cifra ilustrada, el dirigente esperaba dar el asunto por cerrado. El tema sin embargo no parecía agotarse. Al día siguiente, la pregunta se repitió en conversación con *Radio Mitre*. Macri se atrevió entonces a cuantificar el círculo rojo de la Argentina, calculando "que deben ser unos 300 mil los que están altamente politizados" (*Clarín*, 05/09/2013). A partir de entonces, el macrismo se empeñó por evitar todo empleo del término, condenado como estaba a concitar más recelo que empatía. Así y todo, el mentado "círculo rojo", en su original acepción oligárquica, pasaría a formar parte del léxico de periodistas, analistas y cuadros de la dirigencia política argentina.

Quien sí volvió a mencionar el término fue Jaime Durán Barba, asesor de campaña y posteriormente de gobierno del Macri ya devenido presidente. Caracterizando la conducta de la ciudadanía en las redes sociales, el asesor definió que "la opinión pública pertenece a millones de personas que se comunican como quieren, cuando quieren y dicen lo que se les da la gana" (*El Esquiu*, 10/09/16). La comunicación de gobierno tiene el desafío de introducirse en esa conversación cotidiana de la gente, que en su mayoría no se interesa por cuestiones políticas. Ante este panorama, el asesor no dudó en caracterizar a Macri como un "nuevo modelo de dirigente" que es del agrado de la gente común, aunque eso implique indisponerse con el círculo rojo (*Perfil*, 19/12/18). Con esto, Durán Barba pretendió enfatizar los atributos democráticos del presidente, reconociendo en él la capacidad de desoír, sino de disgustar, a quienes promueven intereses oligárquicos.

Si esta serie de declaraciones equívocas no resultan por completo anecdóticas, es porque en ellas resuenan hondas discusiones sobre la naturaleza, sentido y valor de la opinión pública en los órdenes políticos contemporáneos. Estas consideraciones son relevantes para la democracia, pues remiten a una fuente de legitimación de las decisiones políticas que va más allá del dispositivo electoral. Es que, en las democracias contemporáneas, la pretensión de legitimidad de las representaciones y decisiones políticas no se agota en el favor electoral, que se manifiesta como acto regular pero episódico, sino que refiere también a la anuencia de una opinión pública que se manifiesta de manera irregular pero continua (Sartori, 1993: 55-57; Dahl, 1999: 47-49; Plot, 2008: 204-206). En el actual estado de cosas, ningún gobierno que se pretenda democrático puede prescindir de la apelación a una legitimidad de origen fruto de elecciones libres y competitivas tanto como de la apelación a una legitimidad de ejercicio, fruto de la anuencia de una opinión pública libre de coacción y manipulación.

Ahora bien, ¿cómo o dónde oír esas manifestaciones de la opinión pública? ¿Hay que sondear lo que quieren las millones de personas que cotidianamente escriben en las redes sociales lo que se les da la gana? ¿O solo hay que prestar atención a quienes se informan cotidianamente sobre asuntos políticos y cuentan con opiniones formadas sobre las materias objeto del debate público? ¿No deberían tenerse en especial consideración las posiciones de los sectores más influyentes del mundo comunicacional, empresarial y financiero? Y, sea que se trate de millones de individuos, de 300 mil personas informadas o del puñado de integrantes del círculo rojo, ¿qué relevancia debe atribuirse a estas opiniones al momento de sancionar leyes o de decidir políticas?

— 1 —

Delimitación

Estas preguntas dan a ver que, lejos de aclarar la cuestión de la legitimidad de ejercicio, la apelación al favor de la opinión pública genera toda una serie de opacidades y problemas de difícil resolución. A efectos de balizar este campo problemático, nos detengamos en una comparación entre la legitimidad provista por las elecciones y la provista por la opinión pública (Sartori, 1993: 57).

En la doctrina democrática la legitimidad de origen del gobierno se define, en primer lugar, por el triunfo en elecciones libres y competitivas. El resultado de los comicios responde a un procedimiento delineado en la ley constitucional y regulado por la legislación electoral, cuya modificación supone habitualmente una serie de restricciones y de mayorías especiales. Esta estricta regulación en materia electoral permite definir con claridad cuál es el resultado de cada votación.

En segundo lugar, es posible también tener claridad sobre quiénes forman parte del electorado. Es conocido que la delimitación de la población con derecho a voto ha sido objeto de debates y luchas políticas durante el siglo XIX (con la eliminación progresiva de los requisitos censitarios) y el siglo XX (con la conquista del sufragio femenino). Todavía en el siglo XXI se plantea el problema de los límites del electorado, en relación con la situación de las poblaciones migrantes y de quienes son menores de edad. Así y todo, es posible en cada caso determinar con exactitud quiénes forman parte del padrón electoral y están en condiciones de sufragar.

Se hace notar terceramente que, durante las elecciones, la ciudadanía en condiciones de votar debe atenerse a una serie de disposiciones y obligaciones específicas, que son propias del ejercicio de una función en el marco de una competencia delimitada. Que en varios países de América Latina el voto sea no solo un derecho, sino también un deber, alude a la doctrina democrática según la cual el pueblo, sujeto del poder constituyente, desempeña dentro de la totalidad estatal un oficio y función específica como cuerpo electoral (Schmitt, 2011). De este modo, podemos caracterizar la legitimidad electoral a partir del carácter legalmente formalizado de su procedimiento, de la circunscripción estricta de su composición social y de su inscripción orgánica en la institución estatal.

La legitimidad de ejercicio, por su parte, se define por el avenimiento a las determinaciones de la opinión pública. Sin embargo, ante el espejo de las elecciones, nada hay más indeterminado que aquello a lo que aludimos con "opinión pública"; si bien el orden jurídico establece el derecho a la libertad de expresión tanto como una serie de garantías con vistas a su efectivo ejercicio, el derecho positivo no regula el procedimiento específico a resultas del cual emerge el contenido evidente de lo que el público opina (Manin, 1992).

Tampoco es claro quiénes contribuyen efectivamente a la elaboración de esa opinión pública ni quiénes pueden fungir de portavoces. A diferencia del padrón electoral, que ofrece el elenco exhaustivo de quienes contribuyen con su voto al resultado de las elecciones, el público aludido por la noción de "opinión pública" es difuso en su composición y alcance.

Por el resto, participar de la opinión pública no constituye deber alguno, puesto que no remite a una función regulada constitucionalmente. La opinión pública "es por esencia inorgánica: convertirla en un organismo o función oficial iría en contra de su naturaleza" (Schmitt, 2011: 318).

Una comparación de sobrevuelo, como la que venimos de ofrecer, permite delimitar el concepto de opinión pública por la negativa: a diferencia de la legitimidad de origen garantizada por el proceso electoral, la legitimidad de ejercicio provista por la opinión pública es jurídicamente informal en sus procedimientos, indeterminada en su composición social e inorgánica en relación con toda institucionalización estatal.

— 2 —
Historización

Como venimos de decir, es posible delimitar el concepto de opinión pública negativamente, indicando su triple carácter informal, indeterminado e inorgánico. Pero bien, a efectos de ganar claridad sobre el asunto, no alcanza con predicar sobre aquello que la opinión pública no es. Avanzar en una caracterización por la positiva implica involucrarse en los profusos debates que definen el horizonte moderno y contemporáneo de la reflexión sobre la obligación política.

Si bien la cuestión de la opinión de quienes obedecen ha constituido en todo tiempo un problema para quienes mandan, su tematización en términos de "opinión pública" es propia de la edad moderna. La novedad de lo moderno está dada por el desmoronamiento del orden estamental en virtud del cual los consejos y opiniones del pueblo eran transmitidos de manera orgánica por los estamentos, que se vinculaban con el monarca a partir de un anudado sistema de pactos y acuerdos. El desmoronamiento de esta consociación orgánica, catalizado por la guerra civil religiosa, es paralelo a la emergencia del Estado como una magnitud que se coloca por encima de la sociedad y que da lugar al problema de la relación entre ambos términos (Capellán de Miguel, 2011; Duso, 2015; Mateucci, 1998).

En esta línea, quien se inicie en la investigación teórica e histórica en torno al concepto de "opinión pública" no tardará en toparse con una secuencia estándar, que comienza con el absolutismo y llega hasta los *mass media*, pasando por la Ilustración, la Revolución y las guerras mundiales.

Este recorrido comienza en el siglo XVII, con la resolución absolutista de la guerra civil religiosa (Koselleck, 2007; Habermas, 1986). Ante las disputas fratricidas en torno a la verdadera fe, es Thomas Hobbes quien señala la vía teórica de resolución de la guerra civil en el precepto de moral pública *"protego, ergo obligo"*. Es que la moral pública no puede depender del avenimiento a doctrinas religiosas en competencia. Al contrario, ante un estado de guerra en que la vida es "*solitary, poor, nasty, brutish, and short*", la ciudadanía solo puede obligarse y tributar obediencia a quien le garantice protección (*Leviatán* I, 13). Solo en un estado de paz civil pueden los individuos conducir sus vidas conforme a la moral que cada quien considere más adecuada. Por ende, el primer precepto de toda moral es el de obedecer a quien garantice esa protección. Dos corolarios pueden derivarse de esta resolución absolutista de la guerra civil. El primero de ellos está contenido en el *dictum* "*auctoritas, non veritas, facit legem*" (*Leviatán* II, 26): a efectos de la pacificación civil, los preceptos de la ley no pueden derivar de su valor de verdad, que es objeto de disputas ruinosas, sino del hecho de haber sido sancionados por la autoridad incuestionable de quien garantiza protección. El segundo corolario está vinculado a la necesidad de separar la moral pública y la ley civil de toda referencia a convicciones religiosas: "*private consciences* (...) *are but private opinions*" (*Leviatán* II, 29). A partir de entonces, cada quien deberá avenirse externamente a los preceptos de fe pública y reservar sus propias convicciones para su fuero interno.

La historia de la opinión pública consiste en el relato de cómo esta inicial desarticulación entre la opinión y la publicidad, que produce un desdoblamiento entre la convicción íntima de cada individuo y su conducta exterior, termina dando lugar a una rearticulación de ambos términos en un ámbito o esfera específica (Koselleck, 2007). El primero en dar un paso en esa dirección —que, si bien es prudente, no por ello resulta menos determinante— es John Locke. Al estudiar los criterios de rectitud que los individuos emplean para juzgar los actos propios y ajenos, Locke identifica que, además del recurso a las leyes civiles y divinas, los individuos tienen también en consideración la opinión y reputación. Es que en toda comunidad existe un "*secret and tacit consent*" respecto de lo que está bien y lo que está mal, respecto de aquello que merece alabanza y aquello otro que concita censura. Esta medida común de la virtud y el vicio, que varía conforme el temperamento, educación, modas y máximas de cada pueblo, adquiere en Locke el nombre de "*philosophical law*" o "*law of opinion and reputation*". Si bien Locke no le otorga a esta opinión una función política directa, sí considera que ningún gobierno podría quitarle al individuo la capacidad de juzgar conforme a la opinión, al tiempo que nadie puede escapar al poder ineludible de la sociedad que juzga de la reputación de cada quien (*Essay* II, 28, §10).

Ahora bien, este sentido común, al que Locke refiere su ley de opinión, aparece ofuscado por el refinamiento y sofisticación propios de la cultura moderna. Este es el diagnóstico de Jean-Jacques Rousseau, que desprecia la *"opinion publique"* de su época porque en ella reconoce las mistificaciones de una sociedad desigual e injusta. Es que, en niveles avanzados de la civilización, los sectores privilegiados obturan con sus críticas enrevesadas el acceso del pueblo a los preceptos espontáneos de la moral natural, que está grabada en el corazón de los hombres. En su contrato social, Rousseau se propone un retorno a aquellos preceptos naturales y espontáneos que constituyen una opinión pública verdadera. Esto lo conduce a la entronización de la *"volonté générale"*, identificada con aquellos sentimientos idénticos que surgen en el corazón de cada individuo, una vez que abandonan sus intereses particulares. Esta unanimidad de los corazones coincidiría con la opinión pública, si no fuera por la ofuscación que en ella han producido los artificios de la civilización y las maquinaciones de las élites. Es necesario entonces renaturalizar la opinión pública y para ello se impone el ejercicio de una censura que reconduzca las costumbres a su estado natural (*Del contrato social* IV, 7). De este modo, el contrato social opera, en la cima de la civilización, una renaturalización del hombre y sus costumbres, que tiene por objeto volver a aquel estado en que los sentimientos espontáneos del corazón coinciden con los preceptos de la voluntad general, e informan así el contenido de las leyes (Bejar, 1982). Esta fusión de opinión pública y poder político, apuntalada por la censura oficial, tendrá expresión en el jacobinismo cuando llegue el tiempo de la revolución en Francia. Entonces, la unanimidad de los corazones puros inflamará la persecución de quienes cultiven la hipocresía y el desenmascaramiento de quienes se enemisten con la voluntad general (Arendt, 2004).

Los acontecimientos revolucionarios que, en territorio alemán, son recibidos con inicial entusiasmo por figuras prominentes como Immanuel Kant o Johann Fichte, pronto dan lugar a la necesidad de mantener a distancia la opinión pública y el poder político. En este contexto, tiene lugar la emergencia de una esfera intermedia, colocada entre el ámbito privado de los intereses particulares y el ámbito público del Estado: esfera en la que los adultos emancipados logran intercambiar sus opiniones sobre asuntos públicos. Lo que así se abre es un ámbito público no estatal, sino societal. Este ámbito o esfera público-societal constituye el medio en el cual es posible hacer un uso público de la razón [*einen öffentlichen Gebrauch*] para expresar las propias opiniones respecto de cuestiones comunes. A diferencia del uso privado de la razón, que está vinculado con los negocios e intereses concretos de cada individuo, el razonamiento público supone un tratamiento desinteresado e imparcial. Este desempeño es asumido por varones sabios y económicamente independientes que, al tiempo que obedecen cotidianamente los preceptos del orden vigente, ejercitan en la esfera pública la capacidad de guiarse por la propia razón, contribuyendo así a la ilustración del conjunto. De este modo, tanto Kant como Fichte abogan por un ámbito público-societal en que los hombres ilustrados puedan expresar sus pensamientos, sin interferencia de la censura oficial.

Ahora bien, la revolución en Francia inaugura una novedosa activación política de las masas que se acrecienta todo a lo largo del siglo XIX. Esta irrupción de las masas en el espacio público pone en cuestión el ideario de un ámbito letrado, circunscripto a hombres ilustrados e independientes, en que se despliega ese intercambio racional, desinteresado e imparcial. Quien toma nota de estas transformaciones es Georg Hegel. En su filosofía del derecho, Hegel caracteriza a la sociedad civil como un ámbito en que proliferan en igual medida la riqueza y la miseria, incubando en amplios sectores de la población el resentimiento ante la imposibilidad de alcanzar una vida digna mediante el propio trabajo (*Filosofía del derecho*, §§ 243-244). Esta situación de por sí inestable ofrece un ámbito propiciatorio para la inflamación de apelaciones románticas e irracionales a la inmediatez del corazón, el sentimiento y el entusiasmo popular. Ante esta peligrosa situación, Hegel insta a desactivar la contingencia, la ignorancia y el error que anidan en las opiniones de la multitud. Para ello, propone una articulación estamental de la opinión pública, donde las clases y corporaciones económicas con asiento en el poder legislativo logren poner en concordancia sus intereses particulares con lo universal. Todo esto, con la supervisión y decisión final de parte del poder principesco (§§ 315-318).

Sorprenderá constatar que, en su caracterización de la opinión pública, Hegel no se aleja mucho del diagnóstico anticipado por James Madison para los Estados Unidos. Para el federalista, allí donde existe libertad para opinar, proliferan las opiniones divergentes, siendo el principal factor de divergencia la disparidad en la distribución de propiedades. Pronto esta divergencia de opiniones es asistida por el espíritu de facción, que afecta tanto a minorías como a mayorías, e impulsa a cada grupo a imponer sus propios intereses en detrimento del conjunto. La única manera de evitar que una facción ejerza una influencia irresistible en los poderes públicos, sin eliminar con ello la libertad de opinión, es articular un orden republicano en el cual las decisiones pasen por el tamiz de dos cámaras legislativas, que se contrapesen mutuamente e impidan así que el interés particular de cualquier facción se sobreponga al conjunto (*Federalista*, X). Sin incurrir en la solución estamental provista por Hegel, los publicistas del *Federalista* sí coinciden en la necesidad de un poder legislativo que se informe de las opiniones de los diferentes grupos que conforman la sociedad civil, pero sin por ello quedar preso de su influencia irresistible.

Ahora bien, estas precauciones institucionales provistas por el *Federalista* se evidenciarán a fin de cuentas insuficientes para contener el espíritu de facción que informa a las mayorías. De esta opinión es Alexis de Tocqueville, que desespera de la tiranía de las mayorías que emerge en las sociedades democráticas. En su descripción de la democracia norteamericana, Tocqueville compara la infalibilidad atribuida al rey en el *ancien régime* francés con la infalibilidad atribuida a las mayorías en el nuevo continente: "Es de la esencia misma de los gobiernos democráticos el que el imperio de la mayoría sea absoluto; pues en las democracias no hay nada por fuera de la mayoría que pueda resistirla" (*Democracia en América* II, 7). El pesimismo liberal de Tocqueville encontrará eco en las reflexiones de John Stuart Mill sobre Inglaterra. Si la historia y la tradición han enseñado a denunciar los abusos del poder político sobre los individuos, el desafío del presente es para Mill el de denunciar una nueva forma de tiranía, más formidable e insidiosa, que es ejercida por la opinión pública y que hace que "los individuos vivan bajo la mirada de una censura hostil y terrible". Este *nouveau régime* de la opinión pública impone un despotismo de la costumbre que asimila las conductas y que, al apagar toda chispa de singularidad, elimina toda posibilidad de progreso individual y social (*Sobre la libertad*, III). Si bien no faltan quienes, como James Bryce, se entusiasmen con la perspectiva de un *governement by public opinion* (1995: 916-922), cierto es que los liberales de más amplias miras observarán con recelo la creciente influencia de las mayorías sobre la acción y decisiones de los gobiernos.

Este pesimismo liberal contrasta con el optimismo socialista de Friedrich Engels o Karl Marx quienes, si bien denuncian en la opinión pública la operatoria de las ideas de la clase dominante, avizoran una sociedad futura, liberada de la explotación económica de clase, en la que pueda prescindirse del gobierno de unos hombres por otros (Marx y Engels, 1974). En ese horizonte, Lenin logra divisar una sociedad que, gracias a la "disciplina rigurosísima y férrea mantenida por el poder estatal de los obreros armados" comienza a internalizar las "reglas para nada complicadas y fundamentales de la convivencia humana" para terminar aplicándolas de manera cotidiana e inmanente, prescindiendo de la necesidad de poderes coercitivos. Cuando esa disciplina y estas reglas se vuelven costumbre, el Estado se extinguirá por propia cuenta (Lenin, 2016: 92-94).

Las previsiones del liberalismo y el socialismo adquieren una coloración novedosa tras la experiencia de las guerras mundiales y los totalitarismos; experiencias que dan cuenta del enorme influjo de la propaganda y de la creciente gravitación de los medios de comunicación de masas. Ante esto, Elisabeth Noëlle-Neumann renueva las advertencias de Tocqueville y Mill sobre el enorme efecto de control social generado por la opinión pública, que opera silenciando a quienes mentan opiniones tenidas por impopulares. En el mismo horizonte epocal, Jürgen Habermas intenta restituir un ámbito pluralista de debate público que esté a la altura de las exigencias de la sociedad de masas contemporánea. En una teoría normativa que no resigna el horizonte de una democracia social, Habermas intenta articular un espacio de deliberación racional, a distancia del unanimismo de los regímenes autoritarios tanto como del conformismo propio de la sociedad de mercado. Entre la completa estatización de la opinión pública, entronizada como verdad oficial unánime e irresistible, y su disolución sociopsicológica en la forma de meros gustos privados o preferencias de mercado, Habermas apuesta por una esfera pública, ya no limitada a los círculos letrados, sino vehiculizada por los medios de comunicación de masas, en que la ciudadanía pueda comunicar sus opiniones y debatirlas razonablemente.

Este apretado recorrido por la teoría política moderna y contemporánea puede caracterizarse como la sucesión de naufragios en el intento por atravesar el estrecho entre la Escila de las *private opinions* y la Caribdis de la *volonté génerale*; es decir, entre la impotencia de las opiniones privadas al momento de criticar los abusos del poder y la omnipotencia del unanimismo social una vez que se convierte en verdad oficial. Tras dos siglos de intentos por modular la distancia entre un monstruo y otro, habría sido Habermas quien

finalmente dio con una ruta segura, identificando un hiato intermedio que es público sin ser por ello estatal y que es social sin ser
por ello privado: en esta esfera público-societal de la *Öffentlichkeit*
resulta posible el discurrir de un debate público a equidistancia del
unanimismo oficial y de los intereses privados.

Ahora bien, un ejercicio del tipo del que venimos de hacer, que
constituye el recorrido estándar de enciclopedias y manuales, corre
el riesgo de reducir la historia del pensamiento político al relato de
los desaciertos y unilateralidades de todo pensamiento del pasado
y el consiguiente solazamiento en la claridad del pensamiento presente (Habermas, 1986; Hartman, 2011; Mateucci, 1998; Monzón
Arribas, 1985; cf. Capellán de Miguel, 2011: 123). En lo que hace a
la teoría de la opinión pública, pareciera que la tarea del presente
es la de criticar el punto de llegada habermasiano, ya sea para en-
mendar sus falencias o para denunciar su insuficiencia (Agamben,
2008; Benhabib, 1996; Fraser, 1996; Rancière, 2004). Más allá de
estas críticas, el horizonte de la reflexión contemporánea sobre la
opinión pública sigue siendo coloreado por la irradiación de la teoría normativa habermasiana.

— 3 —
Analítica

Cabe preguntarse entonces cuál es el sentido y eficacia de este
elogio de la *Öffentlichkeit* como ideal normativo. La ideación de
un ámbito público-societal donde tiene lugar la deliberación racional libre de manipulación y coacción puede ofrecer un modelo que
permita identificar los déficits de publicidad de todo régimen político contemporáneo. Un modelo de este tipo permitiría distinguir
experiencias políticas mejores de peores, sin perder de vista que, a
fin de cuentas, todo régimen democrático del presente se evidenciará
en algún sentido insuficiente. Más allá del valor normativo de este
modelo, interesa en este punto interrogar la potencia heurística de
una aproximación de este tipo. Es que, más que colocar por encima
de los problemas políticos de presente una solución ideal, tal vez
la tarea de la teoría política sea la de detenerse en los problemas,
a efectos de contribuir a la comprensión de la variedad, densidad
e imbricación de las encrucijadas del presente. Siendo este el caso,
nuestro recorrido por la tradición de pensamiento político deja-

ría de ser el relato de los sucesivos naufragios de las reflexiones del pasado, superadas por el curso firme de teoría normativa del presente. Más bien, la teoría política consistiría en el esfuerzo por informar los problemas del presente a partir del recurso a la pluralidad de ángulos y perspectivas que ofrece nuestra tradición de pensamiento político.

Dijimos ya que ningún gobierno que se presuma legítimo puede prescindir de la apelación a la opinión pública y de cierta identificación de sus decisiones políticas con ella. Entendemos aquí que los problemas implicados en la apelación a la opinión pública pueden ser abordados a partir de cuatro ángulos de análisis, a saber: (1) la puja de intereses, (2) el debate público, (3) el sentido común y (4) el discurso oficial. En lo que sigue, se propone volver sobre nuestra tradición de pensamiento político a efectos de ganar profundidad en la comprensión de estos cuatro ángulos que nos permiten definir el campo problemático de la opinión pública.

3.1. La puja de intereses

En su teoría del Estado, Hermann Heller señala que la opinión pública constituye una fuente de legitimación ineludible de las acciones y decisiones políticas. Tanto es así que la unidad del Estado depende en gran medida de su apoyo en la opinión pública. Esta dependencia estatal respecto de la opinión pública constituye un riesgo, desde el momento en que la conformación de esa opinión es determinada en gran medida por la prensa:

> cuando no se trata de órganos declarados de los partidos, el negocio periodístico es una empresa del gran capital perteneciente en su mayor parte a personas que de ordinario tienen sus negocios fuera del periódico y que se valen de su participación en este para favorecer sus intereses bancarios e industriales. (Heller, 1988: 196)

Con esta caracterización de la prensa escrita, que bien podría extenderse a los medios de comunicación audiovisuales, Heller hace ingresar a las corporaciones económicas y grupos de interés en la consideración de la opinión pública. En esta línea, resulta difícil sostener que las formas de comunicación en red que nos son contemporáneas están sustraídas de las asimetrías económicas y de las presiones corporativas (Sampedro Blanco y Resina de la Fuente, 2010).

La preocupación por la manipulación interesada de la opinión pública está ya presente en la caracterización que Jean-Jacques Rousseau hace de sociedad de su época, atravesada por el escándalo de la desigualdad. Al entronizar la voluntad general como soberana y titular del poder legislativo, Rousseau se preocupa por excluir de las deliberaciones populares a las asociaciones parciales, que forman intrigas a expensas de la totalidad, promoviendo sus intereses privados como si se correspondieran con la voluntad general. Concluye Rousseau que "para poder fijar bien el enunciado de la voluntad general, [importa] que no haya ninguna sociedad parcial en el Estado y que cada ciudadano opine exclusivamente según él mismo" (*Del contrato social*, II, 3).

Similar preocupación afecta a los publicistas del *Federalista*, que desesperan del espíritu de facción propio de cualquier orden en que haya libertad de opinión. Ahora, lejos de resolver el asunto *à la* Rousseau, esto es, eliminando toda mediación entre el pueblo y el poder legislativo, lo que implicaría para ellos apagar toda opinión que no se avenga a la unanimidad de la voluntad general, la solución promovida por el *Federalista* consiste en alejar al legislativo de las presiones facciosas. Esto se logra, en el mentar de James Madison, constituyendo repúblicas extensas, en las que la multiplicación de las facciones reduzca la influencia de cualquiera de ellas tomada individualmente, y articulando un poder legislativo bicameral, en el que el contrapeso de diferentes las cámaras y representaciones impida el deslizamiento sin roces de cualquier interés privado (*Federalista*, X).

En vista del ingente poder con que cuentan las corporaciones económicas y grupos de interés, la propuesta rousseauniana de eliminar las asociaciones resulta hoy tan ilusoria como la propuesta madisoniana de mantenerlas alejadas de las decisiones públicas. Tal vez, el análisis más sopesado y cabal respecto de la relación de los grupos de interés con la opinión pública haya sido provisto por Hegel. En su filosofía del derecho, Hegel identifica que el egoísmo constituye el principio mismo de la sociedad y, siendo que cada individuo toma a los demás como medio para alcanzar sus fines, surge de ello un sistema de dependencia multilateral identificable con el mercado (§§ 182-183). Ahora bien, los individuos de la sociedad civil se distribuyen en clases, definidas por Hegel como modos diferentes de participar en el patrimonio general. Si bien cada clase procura su propio interés sectorial, lo cierto es que, al pertenecer a una clase, los individuos pueden experimentar el honor de ejercer una profesión y el sentimiento de contribuir con ello a la totalidad. Cuando estas clases se organizan en corporaciones económicas, resulta posible articular la prosecución egoísta del interés sectorial con la disposición política de contribuir con la profesión al interés del Estado. De este modo, Hegel toma el interés egoísta como un dato ineludible de la sociedad civil e identifica en las corporaciones económicas la posibilidad de articular ese egoísmo de los intereses con un sentido de responsabilidad política hacia el conjunto. Sostiene Hegel entonces que "el interés particular no debe ser dejado de lado ni reprimido, sino que debe ser puesto en concordancia con lo universal" (§ 261A) para más adelante identificar al patriotismo con "la confianza en que mi interés esté protegido y conservado en el interés del Estado" (§ 268). Con vistas a este fin, Hegel idea un complicado andamiaje institucional que aloja a la clase terrateniente en el Senado, a las diferentes corporaciones industriales en la Cámara baja y a la clase dedicada a la administración en el gobierno. De este modo, la asamblea legislativa constituye el *locus* privilegiado de elaboración de la opinión pública, que funge de intermediaria entre las decisiones del soberano y las opiniones de los individuos, y que de este modo garantiza que la marcha de los asuntos públicos no resulte ajena al pueblo (§ 315).

De Marx a Habermas, no ha sido reducido el número de quienes señalaron el carácter anacrónico de la propuesta de Hegel, que pretende rehabilitar los estamentos medievales para dar respuesta a los desafíos de la moderna sociedad industrial. Paralelamente, sin embargo, quienes depositaron sus esperanzas en el modelo parlamentario no dejaron de constatar la creciente influencia ejercida por los poderes corporativos de la sociedad civil. Al caracterizar el pesimismo liberal del siglo XIX, Habermas indica que "los conflictos hasta aquel momento reservados a la esfera privada aparecerán ahora en el escenario de la publicidad; la publicidad, encargada ahora de mediar en esas reivindicaciones, se convertirá en campo de enfrentamiento de intereses" a resultas del cual las leyes serán no más que expresión del "compromiso entre intereses en competitiva pugna" (Habermas, 1986: 163). Entre quienes pierden sus esperanzas en el debate parlamentario, Max Weber lamenta que el parlamento de Weimar se convierta en un "órgano corporativo" de representantes que actúan bajo el "mandato imperativo de grupos económicos" y aboga por la institución de un poder ejecutivo que emerja de la elección popular directa y "que represente el principio de unidad del *Reich*" más allá de las pujas corporativas (Weber, 1982: 305). Con esta solución de compromiso, el realista Weber abandona toda ilusión de un debate público incontaminado, democrático o republicano, del que solo participen individuos carentes de todo interés o representantes inmunes a toda influencia. Al igual que Hegel, Weber admite la inevitabilidad de la presencia de las corporaciones en el debate legislativo y la necesidad de colocar un poder ejecutivo por encima que garantice la unidad del conjunto. A diferencia de Hegel, Weber identifica a ese poder ejecutivo con un líder plebiscitario, emergente de elecciones populares.

Cualquiera sea el caso, al momento de ponderar la relación entre la opinión pública y la puja de intereses, el primer paso consiste en denunciar la presencia de facciones y corporaciones que intentan manipular la opinión pública en su provecho, haciéndola coincidir con sus intereses particulares. Pero este es solo el primer paso. Una aproximación realista debería abandonar la ilusión democrática de un debate del que solo participen individuos desinteresados tanto como la ilusión republicana de un debate del que solo participen representantes inmunes a toda influencia. Si ambas propuestas se evidencian por igual ilusorias, no queda más que admitir la presencia e influencia de las corporaciones como un dato ineludible de la política moderna. Una vez admitida esta ineluctabilidad, cabe retomar el desafío propuesto por Hegel, esto es, el de concebir una opinión pública que dé lugar a los estamentos y corporaciones, evitando las derivas más entrópicas del egoísmo que portan e interpelándolos desde un sentido de responsabilidad política por el destino del conjunto. El desafío de un debate público que incluya la puja de intereses y que logre lidiar con ellos constituye el primer problema al que alude el concepto de opinión pública.

3.2. *El debate público*

Si el proyecto de la Ilustración mantiene en algún lado su vitalidad, es en la insistencia en postular la opinión pública como un ámbito de deliberación reflexiva, racional e informada. Esta aproximación normativa a la opinión pública constituye una de las definiciones del concepto más extendidas en nuestro tiempo (Badía, 1996; Noëlle-Neumann, 1995). Si bien estas resonancias deliberativas pueden hallarse en las reflexiones de los *founding fathers* de la constitución norteamericana, lo cierto es que los publicistas del Federalista se alejan del sintagma "opinión pública" porque, en su carácter unitario, reconocen una expresión uniforme e incontestable, que identifican como propia del actuar faccioso bajo el influjo de pasiones irrefrenables (*Federalista*, L). Buscando evitar los ominosos efectos de las pasiones, aquellos norteamericanos prefieren hablar de "espíritu público" e idear un orden en que la libertad de expresión permita el intercambio de opiniones y la acomodación de los intereses (Arendt, 2004: 310-6).

Si no en territorio norteamericano, es en el ámbito alemán donde la idea de un debate público ilustrado alcanza su teorización canónica. Concretamente, es Immanuel Kant quien mayor difusión dio a la idea de un ámbito público-societal en el cual los individuos puedan intercambiar sus opiniones respecto de asuntos públicos, a distancia de la censura oficial tanto como de los intereses privados. La condición de este intercambio, además del coraje y la determinación de cada uno de sus integrantes de servirse del propio entendimiento, es la restricción de la razón a un uso público. En tanto que individuos privados, inmersos en el trajín cotidiano de sus funciones y negocios, solo cabe obedecer al orden vigente. La libertad de razonar y de exponer públicamente los razonamientos vale para quienes, en tanto doctos en diferentes materias, pueden articular una opinión desinteresada e imparcial. El mundo resultante del intercambio de opiniones ilustradas emerge así como un ámbito intermedio, que no responde a los intereses privados de cada quien ni pretende dictar los lineamientos de la política estatal. Esta esfera del uso público de la razón [*öffentlicher Gebrauch der Vernunft*] o de la publicidad [*Öffentlichkeit*], irreductible a los intereses económicos y a las posiciones políticas, desempeña una función moral, al permitir con sus debates contribuir a la progresiva ilustración popular y a la información de los poderes públicos.

En similar sentido discurren los argumentos de Johann Gottlieb Fichte. Si la humanidad está destinada al perfeccionamiento común, nada que contribuya a este destino puede ser legítimamente impedido. Si bien la vida en común supone la alienación de ciertos derechos individuales, Fichte identifica que hay derechos que no pueden alienarse: entre ellos, se encuentra el derecho a pensar libremente. Ahora bien, para ejercer esta libertad es necesario abastecerse de instrucción y formación mediante la comunicación con otros espíritus. De modo que el derecho a recibir los pensamientos ajenos resulta tan inalienable como el derecho a pensar por propia cuenta. Y esto vuelve también inalienable el derecho a comunicar los propios pensamientos (Fichte, 1986). Con todo eso, los individuos ejercen este derecho de distintas maneras y en distintas medidas. Es que cada quien no solo es miembro de la sociedad, sino que pertenece también a un estamento específico, que ha elegido en virtud de su vocación. La sociedad progresa cuando cada quien contribuye, desde el estamento al que pertenece, al perfeccionamiento recíproco de cada individuo y del conjunto. Los sabios conforman un estamento específico, cuyo destino es velar en general por el progreso de la humanidad, lo que implica la "supervisión del progreso de los restantes estamentos" (Fichte, 1986: 22).

Resulta en este punto inevitable tomar nota de las rigurosas exigencias que pesan sobre quienes pretendan ingresar a este ámbito público-societal. Por empezar, tanto las pasiones como los intereses deben quedar en la puerta de entrada. Y, en el interior de este espacio racional y desinteresado de la *Öffentlichkeit*, habrá quienes, en virtud de sus facultades eminentes o su jerarquía estamental, tendrán precedencia sobre el conjunto de legos. Muy pronto, esta falta de universalidad de la esfera pública es denunciada por dejar fuera a toda la masa de desposeídos, que no cuentan con la independencia económica necesaria para servirse no más que de su propia razón (Habermas, 1986). Menos resonante pero tal vez más escandaloso es el hecho de que la esfera pública así mentada excluya de plano a las mujeres (Kant, 2003; Habermas, 1986; Posada Kubissa, 1992). Recientemente, las autoras del llamado giro afectivo han postulado que la emergencia de la esfera pública ilustrada se basa en una doble exclusión: la exclusión epistemológica de las pasiones en toda discusión racional tendría por correlato la exclusión sociológica de las mujeres en todo debate público (Losiggio, 2020).

Mucho más inclusivo a este respecto resulta John Stuart Mill. Y esto no solo por sus enérgicas posiciones respecto de la igualdad entre varones y mujeres. A distancia del círculo selecto de los salones alemanes, Mill concibe al público opinante como una "*miscellanious collection of a few wise and many foolish individuals*" (2001: 22). Esta despectiva caracterización no lo lleva, sin embargo, a desesperar de la contribución que el debate público puede hacer al progreso social: "si toda la humanidad fuera de una misma opinión, menos una persona, impedirle hablar sería un robo a la raza humana" (2001: 19). Incluso las opiniones más insensatas y desinformadas contribuyen al progreso del conjunto: si la opinión es verdadera, se la conoce; si es falsa, brinda una más clara percepción de la verdad anteriormente conocida. Claro que, a efectos de que la verdad se sobreponga a la falsedad, los "*many foolish*" no pueden quedarse con la última palabra: sus opiniones deberán ser reducidas al silencio por las del selecto grupo de los "*few wise*".

Así y todo, Mill pareciera actualizar las promesas de progreso moral que trae consigo el debate público, dejando atrás su inicial elitismo y avanzando en sentido democrático. Sin embargo, la ampliación del número de quienes opinan no necesariamente responde a la doctrina democrática. En su análisis del parlamentarismo, Carl Schmitt indica que la fe contemporánea en la deliberación pública no remite a la doctrina democrática, sino a la metafísica liberal de la libre competencia y la mano invisible: "responde a lo mismo decir que de la libre lucha de opiniones surge la verdad como [decir que] de la lucha competitiva resulta, de suyo, la armonía social" (Schmitt, 2008: 75). El núcleo de la doctrina democrática es la soberanía del pueblo; y el pueblo, que es sujeto del poder constituyente y portador de la opinión pública, se define siempre a partir de una fijación negativa. El pueblo es la parte que carece de atributos distintivos: quienes no pertenecen a la nobleza ni al clero (Sieyès), quienes no saben lo que quieren (Hegel), quienes no leen en latín (Schopenhauer). Antes de que Jacques Rancière hable del pueblo como "la parte de los sin parte" (2004: 23), Carl Schmitt identifica al pueblo con el público en el teatro: "aquella parte de los presentes que no participa en la representación de la obra" (2011: 314).

Esto introduce una discontinuidad en la serie "pueblo" – "opinión pública" – "debate público". Si la opinión pública es la resultante de un debate desinteresado e imparcial sostenido en la esfera o escena pública, entonces el pueblo no puede más que desempeñar el rol de auditorio. Si la opinión pública es, en cambio, la expresión del pueblo, su voz no ha de proferirse desde el escenario, sino desde la tribuna. A esto remite Schmitt cuando identifica las manifestaciones de la opinión pública con la aclamación. Esta expresión de asentimiento o reprobación del pueblo presente, que grita "viva" o "muera", rara vez se manifiesta en nuestro tiempo, aunque puede reconocerse, dice Schmitt, "en manifestaciones callejeras, en fiestas públicas, en teatros, en el hipódromo o en el estadio" (Schmitt, 2011: 315). Es en la manifestación del pueblo efectivamente presente, y no

 La vida pública de las palabras

en las reflexiones sesudas y eruditas de quienes debaten sobre los asuntos comunes, donde debe rastrearse la opinión pública.

Sobre la base de estas consideraciones, Giorgio Agamben distingue dos figuraciones del pueblo. Por un lado, el "pueblo-comunicación" que se expresa mediante las formas comunicativas que regulan el flujo de las opiniones y la conformación de consensos; por otro lado, el "pueblo sustancial" que se define a partir de la delimitación concreta de un *ethnos* o un demos y que se expresa mediante la aclamación. Si la figura del "pueblo-comunicación" aparece identificada con la razón comunicativa habermasiana, la figura del "pueblo sustancial" se atribuye a la *acclamatio* mentada por Carl Schmitt. Ante esto, Agamben se preocupa por mantener distancia del legado schmittiano, sin por ello dejar de denunciar que la razón comunicativa de Habermas termina por depositar el poder político en manos de expertos y medios masivos (Agamben, 2008).

Lo que, en todo caso, queda aquí planteado es el desafío de una opinión pública que pueda enriquecerse a partir del debate, sin por ello quedar secuestrada por especialistas y tecnócratas. Giovanni Sartori formula este desafío en la forma de pregunta: "¿cómo asegurar que las opiniones recibidas en el público son también opiniones del público?" (Sartori, 1993: 59). Hallar una opinión que sea "pública" en esta doble acepción, esto es, una opinión que resulte del debate abierto y que, al mismo tiempo, sea atribuible al pueblo, constituye el segundo problema al que alude el concepto de opinión pública.

3.3. El sentido común

Que los representantes de las élites impidan con sus críticas refinadas que el pueblo se forme una opinión propia constituye el corazón de la crítica rousseauniana a la opinión pública. Contra los artificios y engaños de la opinión culta, Jean-Jacques Rousseau apela a la costumbre. Con esto, vuelve sobre la vindicación de John Locke de la ley de la opinión y reputación. En esta ley, que no es civil ni divina, pero que un tiene efecto vinculante sobre la acción de los hombres, Locke identifica los prejuicios más arraigados de una comunidad respecto de lo que está bien y lo que está mal. Este sentido común sobre lo que merece alabanza o censura no es resultado del razonamiento individual, sino de criterios de valoración social que dependen del temperamento e historia de cada pueblo.

Mientras Locke apela a la opinión común como una de las fuentes del juicio moral, John Stuart Mill identifica en ella una amenaza ingente al progreso moral, tanto individual como social. Es que, allí donde la opinión pública ejerce su influencia, los individuos se ven liberados de ejercer "las facultades de percepción, juicio, discernimiento, actividad mental y preferencia moral" que solo se ejercitan "cuando se hace una elección" (Mill, 2001: 55). Al dejarse llevar por la costumbre y la opinión corriente, los individuos atrofian sus propias facultades y se entregan a un proceso de indiferenciación y asimilación crecientes. Con ello, el "despotismo de la costumbre" da lugar a la producción de una masa de mediocres, en la que queda anulada toda excentricidad e individualidad (Mill, 2001: 66).

Tal vez es Hegel quien mejor describe el carácter ambivalente de la opinión pública. Para Hegel, la opinión pública aparece en la forma de opiniones particulares y contingentes, que incurren en la ignorancia, la falsedad y el error infinito. Lo que era cierto en época de Hegel, hoy no lo es menos, cuando la contingencia del opinar, la propagación de lo falso y la difusión del error alcanzan en el medio técnico de las redes sociales una celeridad y expansión inéditas. Ahora bien, Hegel sostiene que, al mismo tiempo que la opinión pública es vehículo de la ignorancia, la falsedad y el error, algunos de los prejuicios que circulan en ella expresan "los eternos principios sustanciales de justicia" que constituyen "el sano sentido común" (§ 317). En ese sano sentido común, Hegel cifra el fundamento ético del Estado. Colige Hegel que "en la opinión pública todo es falso y verdadero": quien quiera alcanzar algo grande y racional deberá saber despreciarla y apreciarla en su justa medida (§ 318A).

En su noción general de Estado, Antonio Gramsci introduce también ese elemento del sano sentido común. Gramsci identifica que la forma más insidiosa de la hegemonía de la clase dominante se da a través del sentido común, aquel "terrible negrero de los espíritus" que adormece a las clases subalternas y las dispone al conformismo (Gramsci, 1970: 18). Sin embargo, sostiene Gramsci que las creencias populares contienen "un núcleo sano de sentido común" o de "buen sentido" que debe ser recuperado y desarrollado (Gramsci, 1970: 367-381, 290-292).

Al reconocer la ambivalencia del sentido común, Hegel y Gramsci permiten avanzar en una consideración más adecuada del fenómeno. Si la verdad y error están por igual presentes en el sentido común, se vuelve entonces necesario desplegar un trabajo de depuración.

La pregunta es quién tiene a cargo la tarea de discernir qué contenidos son verdaderos y cuáles otros no. En Hegel, el subjetivismo inorgánico de la opinión pública solo alcanza su universalidad y organicidad en la subjetividad del príncipe, que define qué contenidos de la opinión pública son los verdaderos. En Gramsci, definir qué elementos de la cultura popular merecen formar parte del buen sentido es un rol que desempeñan los intelectuales del partido comunista. Cualquiera sea el caso, lo cierto es que todo predicado sobre el contenido del "buen sentido" o del "sano sentido común" solo puede derivar de la decisión de quien lo interprete. Si es cierto que "ningún gobierno encontrará superflua la ventaja de tener a su lado los prejuicios de la comunidad" (*Federalista*, IL), no menos cierto es que cada gobierno seleccionará y dispondrá de los prejuicios que mejor le convengan. Llegamos entonces a la conclusión de que el contenido del sentido común no es algo que esté dado de manera inmediata, sino que es siempre el resultado de una interpretación posible, que las más de las veces responde a intereses gubernamentales o partidarios.

Lo que es cierto en tiempos de Hamilton, Madison, Hegel o Gramsci no lo es menos en tiempos como los nuestros, caracterizados por la proliferación de sondeos de opinión. Quienes se presentan como especialistas en opinión pública y portavoces de "aquello que la gente piensa" no pueden dejar de admitir que el resultado de sus sondeos depende del modo en que se realizan las preguntas, de su orden y disposición, del diseño de la muestra y de tantos otros factores técnicos y económicos que resultan determinantes. No hay que caer en extrapolaciones del tipo de la que sostiene que las consultoras de opinión inventan los resultados de sus estudios con vistas a la satisfacción de sus clientes o, simplemente, que la opinión pública no existe (Bourdieu, 1992). Alcanza con indicar que aquello que llamamos "el sentir de la gente" solo se vuelve asible a partir de una serie de mediaciones técnicas, económicas y políticas que implican siempre una interpretación posible (Vommaro, 2008).

Cualquiera sea el caso, resulta innegable que los prejuicios, pareceres y opiniones que fluyen en el habla cotidiana y que hacen al sentido común tienen efecto en la legitimación y deslegitimación de los gobiernos. Sin embargo, esta fuerza determinante de la opinión pública así concebida resulta en el fondo indeterminable en sus contenidos concretos. Todo intento por determinar qué opina el común de la gente es siempre una interpretación más o menos interesada de aquel bullicio inaprensible. El hecho de un sentido común que es indeterminable en sus contenidos y determinante en sus efectos constituye el tercer problema al que alude en concepto de opinión pública.

3.4. El discurso oficial

En su definición del poder, Hannah Arendt sostiene que todo gobierno depende de la opinión. Esto vale tanto en democracias como en monarquías. Es que no hay gobierno que logre sostenerse en el tiempo sin el avenimiento y apoyo de la mayoría. "Incluso el tirano, el Uno que gobierna contra todos, necesita ayudantes para implementar la violencia". Sentencia Arendt que "el poder del gobierno depende del número" (2015: 145). Con esto, la autora vuelve a los escritos del *Federalista* en los que James Madison insiste en la fuerza de la opinión popular como única fuente legítima del poder. Si resulta claramente admisible que "todos los gobiernos se apoyan en la opinión" (*Federalista*, IL), algo más opaco resulta caracterizar la índole de esa "apoyatura".

Con seguridad, fue Thomas Hobbes quien más presión ejerció al apoyar al gobierno sobre la opinión. La respuesta de Hobbes puede tenerse por extrema en más de un sentido: extrema porque, como vimos ya, Hobbes se coloca habitualmente al comienzo de la tematización moderna de la opinión pública. Extrema también porque Hobbes aborda el problema de la opinión pública en vista precisamente de la situación extrema, esto es, de la disputa civil entre convicciones religiosas irrenunciables cuya intensidad conduce a la disolución del cuerpo político. Extrema, finalmente, porque la respuesta hobbesiana implica la oclusión de todo intercambio público de opiniones y la proclamación de una verdad de fe pública, cuyo monopolio pertenece a la autoridad. El precepto "*cuius regio, eius religio*", que permite superar la guerra civil religiosa en Europa, alude precisamente al hecho de que ninguna comunidad política puede mantener la paz civil si sus miembros están enfrentados por asuntos que consideran de vida y muerte. Ante situaciones de esta magnitud, la única alternativa a la guerra civil es la sanción autoritaria de una verdad oficial que nadie pueda cuestionar públicamente, más allá de las disposiciones íntimas de la conciencia de cada quien (Koselleck, 2008: 33 y ss). Por esta senda avanza Jean-Jacques Rousseau al resaltar la importancia política de una "profesión de fe puramente civil, cuyos artículos corresponde fijar al soberano". Del mismo modo en que Hobbes dispensa a los individuos de todo lo que cavilen en su fuero interno, Rousseau concede que "cada cual puede tener, por lo demás, las opiniones que le plazca, sin que necesite enterarse de ello el soberano" (Del contrato social, IV, 8).

Antes de condenar el carácter ostensiblemente autoritario de la resolución hobbesiana, no deberíamos perder de vista el hecho de que Hobbes elabora sus corolarios sobre la base de la situación extrema. Cabría entonces preguntarse si la fusión hobbesiana de la opinión pública con el discurso oficial debe generalizarse a todos los tópicos y situaciones, o si solo es válida en aquellas cuestiones que revisten extrema gravedad. En esta línea, Carl Schmitt sostiene que, en los órdenes democráticos contemporáneos, la diversidad de posiciones que es característica de la opinión pública no debería preocupar siempre y cuando exista unanimidad respecto de la única cuestión realmente importante: "en tanto exista la homogeneidad democrática de la sustancia y el pueblo tenga conciencia política, es decir, pueda distinguir amigos [de] enemigos, el peligro no es tan grande" (Schmitt, 2011: 18). Una comunidad política puede involucrarse en el debate en torno a los más variados asuntos; sobre lo único que no puede debatir, sin con ello perder su unidad, es sobre quiénes son sus enemigos. Para Schmitt, un pueblo que pone en duda cuáles son sus líneas de amistad y enemistad ha dejado de ser un pueblo.

Si bien la cifra hobbesiana tanto como la schmitiana resultan lesivas de la sensibilidad democrática del presente, lo cierto es que nada muy distinto plantean quienes hoy en día proponen alcanzar o respetar consensos básicos respecto de cuestiones fundamentales que no deberían ser objeto de especulación ni debate. Hermann Heller contribuye a este planteo al postular que "la opinión pública arraigada en principios y doctrinas constituye uno de los más sustanciales vínculos de la unidad estatal". Es en este sentido que Heller plantea que la unidad del Estado depende de la existencia de una "opinión pública unitaria", de una "comunidad de voluntades y valores" que informen la elaboración de las leyes y el dictado de las sentencias. Esto no implica, aclara Heller, que toda la ciudadanía reconozca íntimamente estos valores como verdaderos. alcanza no más con que, en su comportamiento externo, sientan la obligación de respetarlos (Heller, 1988: 192).

Giovanni Sartori vuelve sobre estos consensos básicos, distinguiendo tres niveles u objetos posibles de acuerdo: "El primero es el consenso a nivel de comunidad, consenso en la creencia sobre valores; el segundo es el consenso a nivel del régimen, sobre las reglas de procedimiento; el tercero es consenso a nivel de gobierno, sobre políticas de gobierno" (1993: 58). Sartori evalúa que el único consenso imprescindible es el que remite a las reglas de juego del régimen. Sin embargo, el consenso en torno a valores últimos provee cierta homogeneidad en la cultura política que garantiza la convivencia democrática (Sartori, 1993: 58; Dahl, 1999: 178).

Es natural que, en nuestro tiempo, estas consideraciones sobre los "valores últimos" de una "cultura política homogénea" despierten el escepticismo. En una época caracterizada por el aborrecimiento de todo autoritarismo y el elogio de la diversidad, ¿es posible seguir sosteniendo la idea de una opinión pública unánime, basada en una comunidad de valores últimos? Antes de responder taxativamente a esta invitación escéptica, deberíamos revisar lo que queda fuera de los signos de pregunta. concretamente, ¿no da cuenta nuestro aborrecimiento de todo autoritarismo y nuestro elogio de la diversidad de un núcleo de principios fundamentales, efectivamente actuantes, vinculados con el respeto de los derechos humanos y los procedimientos democráticos? ¿No es posible reconocer en este núcleo mínimo de acuerdos un contenido de la opinión pública efectivamente actuante, que informa el discurso oficial? A este contenido alude Gerardo Aboy Carlés cuando indica que la fundación argentina de 1983 combinó el ideario democrático popular con el de los derechos humanos, estableciendo un límite efectivo a toda experiencia política posterior (Aboy Carlés, 2013).

Podría decirse de ciudadanos y gobernantes que, en su fuero interno, desprecian los derechos humanos y la democracia. Sin embargo, el hecho de que públicamente deban avenirse a estos consensos, ¿no corrobora la postulación hobbesiana de la obligatoriedad de una profesión de fe pública, con independencia de lo que los individuos cavilen privadamente? Podríamos anticipar la emergencia de políticos y gobernantes que desprecien abiertamente los derechos humanos y la democracia. Llegado el caso, cabría preguntarse si ese escenario no equivaldría a una transformación cabal de nuestra cultura política, cuando no a la disolución misma de nuestras coordenadas comunitarias.

Si estas reflexiones tienen sentido, mal haríamos en limitarnos a colocar a Hobbes en el filo de la prehistoria absolutista de la opinión pública. Bien al contrario, la actualidad de Hobbes vendría dada por el hecho de permitirnos identificar una relación entre opinión pública y discurso oficial que remite al problema de los consensos más elementales que hacen al fundamento del Estado y sin los cuales ninguna comunidad política lograría mantenerse en pie.

Si bien es fácil colocar a Hannah Arendt en las antípodas del pensamiento hobbesiano, lo cierto es que su reflexión sobre el poder de las promesas presenta notables sintonías con lo que venimos de decir. Si la acción es para Arendt la actividad que funda y estabiliza cuerpos políticos, no hay expresión más arquitectónica de la acción que la de trabar promesas mutuas relativas a los principios y procedimientos elementales de la polis. Ahora bien, Arendt indica que estas promesas deben limitarse a generar discretas islas de certidumbre en el mar indeterminado e imprevisible de la libertad humana.

En el momento en que las promesas pierden su carácter de aisladas islas de seguridad en un océano de inseguridad, es decir, cuando esta facultad se usa mal para cubrir todo el terreno del futuro y formar una senda segura en todas las direcciones, pierden su poder vinculante y, así, toda la empresa resulta contraproducente (Arendt, 2003: 263).

El desafío de todo cuerpo político es el de establecer un tanto de acuerdos en torno a valores y procedimientos, que permita garantizar un espacio público político, sin por ello anular la espontaneidad y la pluralidad. Al indicar la importancia y los límites de las promesas mutuas, Arendt da a ver que todo cuerpo político depende de un núcleo de acuerdos básicos, revestidos de un halo de sacralidad, que se sustraen de las disputas de poder. Es en ese credo oficial donde identificamos el núcleo más elemental de la opinión pública. Núcleo que se enfrenta a dos riesgos simétricos: el de ser tan frágil que termine por debilitar los consensos más elementales y el de ser tan robusto que termine por hostilizar todo lo que le resulte sospechoso o extraño.

— 4 —
Sinopsis

Al identificar la democracia contemporánea con el *government by consent*, Giovanni Sartori coloca a la opinión pública en el corazón de la legitimidad política, a tal punto que llega incluso a degradar a las elecciones como una de las manifestaciones posibles de aquella opinión (Sartori, 1993: 57). Más recientemente, Giorgio Agamben coloca también en el centro de la maquinaria gubernamental a la opinión pública, a la que identifica con la forma moderna del poder aclamativo desempeñado anteriormente por la "gloria" (Agamben, 2008: 11). Uno y otro dan a ver así la relevancia incontestable de la opinión pública como repertorio de legitimación de las representaciones y decisiones políticas. Más difícil que constatar esta relevancia es ganar claridad sobre la definición del concepto.

Nuestro primer paso en este sentido vino dado por una delimitación negativa de la opinión pública, que nos permitió identificar su relación informal con el derecho, su relación indeterminada con la sociedad y su relación inorgánica con el Estado. Esta triple negatividad del fenómeno nos brindó una delimitación del alcance de la opinión pública, sin permitirnos todavía asirla con claridad y definición. A estos efectos, una vista panorámica de dos siglos de debate en torno a la opinión pública nos llevó a resistir la tentación de inscribir cada aporte en una secuencia evolutiva, que fuera desde las opacas intuiciones del comienzo hasta la meridiana claridad del presente. Al contrario, entendimos que la vía más segura hacia una comprensión robusta y cabal del fenómeno venía dada por una analítica de los diversos problemas que son aludidos por ese término. Esto nos condujo a la identificación de la opinión pública con un campo problemático derivado de la cuadrangulación resultante de la consideración de (1) la puja de intereses, (2) el debate público, (3) el sentido común y (4) el discurso oficial. Vista desde estos cuatro ángulos, la opinión pública emerge como un campo problemático conceptualmente delimitado al tiempo que teóricamente profuso.

Al considerar el asunto desde el ángulo de los intereses corporativos, la opinión pública gana definición como aquellos postulados generales que surgen del compromiso de los intereses privados en pugna. Aquí, el problema de la opinión pública viene dado por el permanente riesgo de su captura corporativa por parte de los intereses predominantes de la sociedad.

Distinto es el resultado si consideramos el asunto desde el ángulo del debate público. En tal caso, la opinión pública gana definición como aquella verdad que surge del debate racional y desinteresado. Aquí el problema de la opinión pública viene dado por el permanente riesgo de que la apelación a la racionalidad y el desinterés funja de criterio en virtud del cual especialistas y tecnócratas excluyan y silencien a minorías, cuando no a mayorías minorizadas.

Cuando observamos el asunto desde el ángulo del sentido común, la opinión pública gana definición como aquel sustrato de buen sentido que habita en los pareceres y preferencias del pueblo. El problema correlativo es el de su manipulación de parte de quienes se presentan como intérpretes y portavoces del sentir popular.

Finalmente, vista desde el ángulo del discurso oficial, la opinión pública adquiere definición como un núcleo de acuerdos fundamentales en torno a principios y procedimientos elementales de los que depende el cuerpo político. El riesgo correlativo de una opinión pública así mentada es la expansión de este credo oficial al punto de postular una sociedad sin grietas, que termine por ahogar el disenso y el pluralismo.

Desde una mirada cenital, es posible divisar que estos cuatro puntos alumbran cuatro sentidos posibles de lo público. En el primer caso, lo público se identifica con el interés general de la comunidad política, en tanto superador de los intereses particulares de individuos y corporaciones. En el segundo caso, lo público se identifica como ámbito y resultado de la deliberación racional y desinteresada, opuesta tanto al decisionismo estatal como a la disolución privada en preferencias de mercado. En el tercer caso, lo público es lo relativo al pueblo, sin consideración de atributos, calificaciones ni privilegios. En el cuarto caso, lo público se identifica con la idea de bien que define al cuerpo político y se distingue, en su sacralidad, de todo aquello susceptible de pujas y debates.

Ahora bien, desde el momento en que inscribimos la cuestión de la opinión pública en el marco de la pregunta por la legitimidad de los órdenes políticos contemporáneos, los problemas con ella identificados se vuelven desafíos ingentes de una teoría normativa de la democracia. En esta línea, si la legitimidad de nuestras democracias se define en su apelación a la opinión pública, lo que venimos de decir permite identificar que esta apelación resulta problemática en más de un sentido. Concretamente, toda apelación a la opinión pública es problemática desde el momento en que sobre ella pesa la sospecha de ser vehículo de intereses privados, excusa para el silenciamiento y exclusión de minorías y mayorías, fruto de la manipulación de quienes se presentan como intérpretes de la gente común o expresión de intolerancia y unanimismo. La gravedad de los problemas aludidos por el concepto de opinión pública es correlativa de la hondura del desafío de nuestras democracias, esto es, el de propender al interés general, mediante un debate público informado y popular, garantizado por un núcleo de acuerdos fundamentales que nos permitan lidiar con nuestras diferencias.

Referencias bibliográficas

Aboy Carlés, Gerardo (2013). Líderes y partidos: fragmentos de un legado fundacional. *La Nación*, 8 de diciembre.

Agamben, Giorgio (2008). *El reino y la gloria*. Buenos Aires: Adriana Hidalgo.

Arendt, Hannah (2003). *La condición humana*. Buenos Aires: Paidós.

—— (2004). *Sobre la revolución*. Madrid: Alianza.

—— (2015). *Crisis de la república*. Buenos Aires: El cuenco de plata.

Badía, Luis (1996). La opinión pública como problema. *Voces y Cultura*, *10*, 59-77.

Béjar, Helena (1982). Rousseau: Opinión pública y voluntad general. *Revista Española de Investigaciones Sociológicas*, *18*, 69-82.

Benhabib, Seyla (1996). Models of Public Space: Hannah Arendt, the Liberal Tradition, and Jürgen Habermas. En Craig Calhoun (Ed.), *Habermas and the Public Sphere* (pp. 73-98). Baskerville: MIT.

Bourdieu, Pierre (1992). La opinión pública no existe. *Debates en Sociología*, *17*, 301-311.

Bryce, James (1995). *The American Commonwealth*. Volume III. Indianápolis: Liberty Fund.

Capellán de Miguel, Gonzalo (2008). *Opinión pública, historia y presente*. Madrid: Trotta.

—— (2011). Los "momentos conceptuales". Una nueva herramienta para el estudio de la semántica histórica. En Javier Fernández Sebastián y Gonzalo Capellán de Miguel (Eds.), *Lenguaje, tiempo y modernidad. Ensayos de historia conceptual* (pp. 113-151). Santiago de Chile: Globo editores.

Dini, Vittorio (2001). Sfera pubblica. En Roberto Esposito y Carlo Galli (Dirs.), *Enciclopedia del pensiero politico* (p. 648). Roma: Laterza.

Duso, Giuseppe (2015). *La representación política. Génesis y crisis de un concepto*. San Martín: UNSAM Edita.

Fichte, Johann G. (1986). *Reivindicación de la libertad de pensamiento y otros escritos*. Madrid: Tecnos.

—— (2002). *Algunas consideraciones sobre el destino del sabio*. Madrid: Ágora Istmo.

Fraser, Nancy (1996). Rethinking the Public Sphere. A Contribution to the Critique of Actually Existing Democracies. En Craig Calhoun (Ed.), *Habermas and the Public Sphere* (pp. 109-142). Baskerville: MIT.

Gramsci, Antonio (1970). *Antología*. Buenos Aires: Siglo Veintiuno editores.

Habermas, Jürgen (1986). *Historia y crítica de la opinión pública*. México: GG Mass Media.

Hamilton, Alexander; Madison, James y Jay, John (2011). *El federalista*. México: Fondo de Cultura Económica.

Hartmann, Martin (2011). Öffentlichkeit. En Martin Hartmann y Klaus Offe (Hrsg.), *Politische Theorie und Politische Philosophie. Ein Handbuch* (pp. 274-277). Munich: Beck.

Hegel, Georg W.F. (2004). *Principios de la filosofía del derecho*. Buenos Aires: Sudamericana.

Heller, Hermann (1988). *Teoría del Estado*. México: Fondo de Cultura Económica.

Hobbes, Thomas (1980). *Leviatán*. México: Fondo de Cultura Económica.

Hume, David (2011). *Ensayos políticos*. Buenos Aires: Claridad.

Kant, Immanuel (2003). *Crítica de la razón práctica*. Buenos Aires: Losada.

—— (2004). *Filosofía de la historia. Qué es la ilustración*. La Plata: Terramar.

Koselleck, Reinhart (2008). *Crítica y crisis. Un estudio sobre la patogénesis del mundo burgués*. Madrid: Trotta.

Lenin, Vladimir I. (2016). *El Estado y la revolución*. Madrid: Alianza.

Locke, John (2005). *Ensayo sobre el entendimiento humano*. México: Fondo de Cultura Económica.

Losiggio, Daniela (2020). Universal y afectiva: la esfera pública en el pensamiento político feminista. *Las torres de Lucca*, *17*, 139-165.

Manin, Bernard (1992). Metamorfosis de la representación. En Mario Dos Santos (Coord.), *¿Qué queda de la representación política?* Caracas: Nueva Sociedad.

Mateucci, Nicola (1998). Opinión pública. En Norberto Bobbio, Nicola Mateucci y Gianfranco Pasquino (Eds.), *Diccionario de política* (pp. 1075-1079). Buenos Aires: Siglo Veintiuno editores.

Mill, John Stuart (2001). *On Liberty*. Ontario: Batoche Books.

Monzón Arribas, Cándido (1985). Orígenes y primeras teorías sobre la opinión pública. El liberalismo y el marxismo. *Revista de Estudios Políticos*, *44*, 81-113.

Noëlle-Neumann, Elisabeth (1995). *La espiral del silencio. Opinión pública: nuestra piel social*. Barcelona: Paidós.

Plot, Martín (2008). *La carne de lo social*. Buenos Aires: Prometeo.

Posada Kubissa, Luisa (1992). Cuando la razón práctica no es tan pura (Aportaciones e implicaciones de la hermenéutica feminista alemana actual: a propósito de Kant). *Isegoría*, *6*, 17·36.

Rancière, Jacques (2004). *El desacuerdo. Política y filosofía*. Buenos Aires: Nueva Visión.

Rousseau, Jean-Jacques (1996). *Del contrato social – Discursos*. Madrid: Alianza.

Sampredro Blanco, Víctor y Resina de la Fuente, Jorge (2010). Opinión pública y democracia en la sociedad red. *Ayer*, *80*, 139-162.

Sartori, Giovanni (1993). *¿Qué es la democracia?*. México: Editorial Patria.

Schmitt, Carl (2008). *Los fundamentos histórico-espirituales del parlamentarismo en su situación actual*. Madrid: Tecnos.

—— (2011). *Teoría de la constitución*. Madrid: Alianza.

Schuster, Federico (2005). Las protestas sociales y el estudio de la acción colectiva. En Federico Schuster; Francisco Naishtat; Gabriel Nardacchione y Sebastián Pereyra (Comps.), *Tomar la palabra. Estudios sobre protesta social y acción colectiva en la Argentina contemporánea*. Buenos Aires: Prometeo Libros.

Schuster, Federico; Naishtat, Francisco; Nardacchione, Gabriel y Pereyra, Sebastián (2005). *Tomar la palabra. Estudios sobre protesta social y acción colectiva en la Argentina contemporánea*. Buenos Aires: Prometeo Libros.

Seoane, José; Taddei, Emilio y Algranati, Clara (2006). Las nuevas configuraciones de los movimientos populares en América Latina. En Atilio Borón y Gladis Lecchini (Comps.), *Política y movimientos sociales en un mundo hegemónico*. Buenos Aires: CLACSO.

Svampa, Maristella (2005). *La sociedad excluyente. La Argentina bajo el signo del neoliberalismo*. Buenos Aires: Taurus.

—— (2006). Citoyennete, état et Mondialisation: un regard a partir de l'Argentine contemporaine. En P. Phelinas et al. (Comps.), *Travail, integration monetaire et Mondialisation*. Paris: L'Harmattan.

Svampa, Maristella y Pereyra, Sebastián (2003). *Entre la ruta y el barrio*. Buenos Aires: Biblos.

Tocqueville, Alexis (2000). *Democracy in America*. Chicago: University Press.

Vommaro, Gabriel (2008). *Mejor que decir es mostrar. Medios y política en la democracia argentina*. Buenos Aires: UNGS, BNMM.

Weber, Max (1982). *Escritos políticos*. México: Edimex.

Zibecchi, Raúl (2003). Los movimientos sociales latinoamericanos. Tendencias y desafíos. OSAL 10, CLACSO, Buenos Aires.

CAPÍTULO 6

Judicialización

— 1 —

El umbral disciplinario

La reciente judicialización de la política argentina es una expresión singular y particularmente intensa de un fenómeno que, en sí mismo, no es ni reciente ni autóctono. La judicialización de la política en sentido lato constituye una tendencia de grandes alcances: sus límites espaciales tienden a coincidir con los del planeta y sus límites temporales, cuanto menos con los de la modernidad. Paolo Prodi establece las coordenadas de esta judicialización en una reacción hipercodificadora de los Estados ante la globalización de los siglos XX y XXI (Prodi, 2008: 12-13). Carl Schmitt pudo advertir este intento de captura de la política por el derecho ya en las elaboraciones del positivismo liberal de los siglos XIX y XX (Schmitt, 2001: 30-42). Por su parte, Michel Foucault remontó la estrategia de judicialización al discurso político de los siglos XVII y XVIII (Foucault, 1997: 85-95). De entregarnos a esta pendiente de regresión temporal, podemos indicar sin mayor esfuerzo que los rudimentos de esta judicialización están ya presentes en la erección platónica de la ley como monarca o déspota de los gobernantes (*Gorgias*, 484b; *Leyes*, 715d).

Claro que, hasta aquí, nos hemos movido con una definición lata de la judicialización de la política, que obsta a la delimitación de contornos conceptuales rigurosos. En el esfuerzo por navegar cursos más circunscritos y familiares, es necesario orientarse por una definición estricta. En esta línea, y de manera sumaria, entendemos por judicialización de la política el efecto estratégico de la captura de las prácticas políticas por la forma tribunal. Aclaremos los términos de esta definición. La alusión a las "prácticas políticas" debe entenderse en el sentido corriente de las actividades regulares de *la* política, esto es, las actividades pertenecientes a la esfera o sistema político, como la vida partidaria, la competencia electoral, el debate público, la legislación y el gobierno. "Forma tribunal" debe entenderse aquí en términos de la técnica o dispositivo que erige a un juez, como autoridad neutral que dice el derecho, por sobre dos partes en disputa (Foucault, 1992: 49). Por último, la noción de "efecto estratégico" subraya que la judicialización es producto del enjambramiento de una multiplicidad de tácticas políticas deliberadas y conscientes; tácticas heterogéneas y muchas veces antagónicas, de cuyo concurso emerge una configuración estratégica general de la política en términos judiciales. En suma, la judicialización de la política es el nombre con que se alude al fenómeno en virtud del cual diversas prácticas políticas asumen la forma tribunal.

Un correlato evidente de esta expansión de la forma tribunal sobre las prácticas políticas es la expansión del saber jurídico sobre incumbencias del saber político. No debería sorprender que la literatura dedicada a reseñar el tema de la judicialización de la política surja en su gran mayoría del seno de la teoría y la ciencia del derecho. Con esto, no pretendemos introducir infructuosas disputas disciplinares. Más bien, se sostiene aquí que la reflexión sistemática sobre la judicialización de la política constituye un tema eminente de la ciencia y la teoría política; sin que esta incumbencia desmedre en modo alguno los esfuerzos que en el mismo sentido puedan hacer otros saberes como los del derecho, la filosofía, la sociología, la historia o la antropología. Ilustremos este punto con un ejemplo. En un texto reciente, Martín Böhmer y Tatiana Salem han articulado una reflexión jurídica en torno a los intentos cada vez más frecuentes de modificar las políticas públicas mediante presentaciones judiciales. Esta práctica, conocida como "litigio estructural", consiste según los juristas en "una herramienta judicial que involucra la selección y presentación de un caso ante los tribunales con el objetivo de alcanzar cambios en las políticas públicas que deriven en una mejora de la sociedad" (Böhmer y Salem, 2010: 1-2). Esta definición jurídica del litigio estructural presupone la definición de lo que implica una "mejora de la sociedad". Es claro que la definición de lo socialmente mejor y peor es una definición eminentemente política. Refuerza esta pertinencia el considerar que la ciencia de la vida buena y de la buena sociedad es, cuanto menos desde Aristóteles, la ciencia política. En un sentido similar, Paola Bergallo define el "litigio de derecho público" como un "reclamo judicial (...) que busca la transformación estructural de instituciones del Estado en pos del respeto de derechos y valores democráticos consagrados en la Constitución" (Bergallo, 2005: 1). Huelga decir que la democracia, sus derechos y valores, constituyen el tema eminente de la ciencia política moderna. De allí que la reflexión jurídica sistemática sobre la judicialización de la política presuponga y reclame una reflexión política igualmente sistemática.

Es en este sentido que se orientan los esfuerzos de lo que sigue. El camino hacia una teoría política de la judicialización implica suspender toda pretensión de exclusividad de la ciencia del derecho, trasponiendo el umbral disciplinario que separa el saber estrictamente jurídico del saber político sistemático. Este camino ha sido emprendido en tiempo reciente por Cecilia Abdo Ferez y Lucas Martin, quienes han hecho el esfuerzo de reflexionar sobre el problema de la judicialización, desmarcándose de los lenguajes propios del saber jurídico, para pensar desde las categorías de la ciencia y la teoría política. Con lo que sigue, se pretende suceder a Abdo Ferez y a Martin en el camino emprendido. Para la ciencia jurídica, lo que se lee a continuación puede resultar un asunto de legos. Precisamente, sobre el dintel del umbral a trasponer se leen las palabras "*Lasciate ogni toga, voi ch'entrate*".

— 2 —

Judicialización

Un abordaje analítico de la judicialización de la política debería comenzar por el primer término del sintagma. Como es evidente, la judicialización de las prácticas políticas resulta una especie del fenómeno general de la judicialización del conjunto de las prácticas. Así lo sugiere Guillermo O'Donnell en un compendio de reflexiones sobre el tema (O'Donnell, 2008: 353). Con el término judicialización se alude entonces al fenómeno general en virtud del cual prácticas sociales del más variado tipo asumen la forma tribunal. Esto es decir que conflictos que normalmente se resolvían siguiendo pautas dictadas por la costumbre, la confianza o la deferencia son progresivamente conducidos a instancias judiciales para su resolución. En términos sumarios, la judicialización consiste en el pasaje de lo normal a la norma, esto es, de las pautas consuetudinarias de resolución de conflictos sociales a pautas normativizadas y judiciables. Catalina Smulovich identifica un ejemplo de esta judicialización de las prácticas en el aumento de juicios por mala praxis médica que, en hospitales públicos de la ciudad de Buenos Aires, escala en un mil por ciento en el período 1982-1993 (Smulovitz, 2008: 300). Esto implica que la relación médico-paciente deja de estar regulada de manera preeminente por pautas tradicionales de confianza y deferencia, y los conflictos entre médicos y pacientes tienden a resolverse en instancias judiciales. Con menor contundencia, puede observarse la judicialización de las prácticas al interior de las instituciones educativas. Por caso, en tiempo reciente, el poder judicial de la Capital Federal obligó al director de un colegio secundario a reintegrar a tres alumnos que habían sido cesanteados por vandalismo, de mismo modo en que un juez de la provincia de Chubut instó a un colegio secundario a permitir la promoción de una alumna con tres materias previas. Esto es indicativo del modo en que tensiones y conflictos que tradicionalmente eran canalizados por las pautas reglamentarias y consuetudinarias de la vida escolar son capturados y determinados por la forma tribunal. Estos ejemplos permiten identificar algunas expresiones de una incipiente tendencia a la resolución judicial de conflictos que generalmente se resolvían por medio de pautas institucionales o consuetudinarias.

Lucas Martin recupera en esta línea la idea de una tendencia a la "americanización" (Martin, 2012: 205), en el sentido en que la pauta de fuerte litigiosidad judicial específica a la cultura norteamericana pareciera extenderse a diversas latitudes. En una línea similar, la creciente litigiosidad judicial fue remarcada ya por Michel Foucault en su reconstrucción de la racionalidad gubernamental característica del neoliberalismo norteamericano. Foucault señala que el elemento de la racionalidad neoliberal norteamericana es la noción de *homo oeconomicus*, esto es, la idea de que cada individuo es un una pequeña empresa con activos y pasivos, que cuenta con un cierto capital (económico, cultural, simbólico, social), que tiene sus flujos de ingresos y gastos, y que debe invertir sus recursos a efectos de optimizar resultados. Esta racionalidad del "empresario de sí" manifiesta una presencia omnímoda, que va desde la literatura de autoayuda hasta el diseño de políticas sociales promovido por los organismos multilaterales (Borzese, Gianatelli y Ruiz, 2006: 48 y ss.). Indica Foucault que esta racionalidad del "empresario de sí" implica una transformación de las prácticas y relaciones sociales en línea con el ideal regulatorio de la competencia. Si cada individuo opera como una empresa individual, las relaciones entre individuos adquieren la forma de relaciones competitivas. Foucault señala que, mientras que las relaciones cotidianas se resuelven por vía de la competencia, los roces y conflictos entre estos "empresarios de sí" se conducen por vía de la litigiosidad judicial. De este modo, Foucault sugiere la articulación estratégica del par economización-judicialización: si la racionalidad económica neoliberal desregula las relaciones sociales tradicionales, conduciendo a los individuos a la lógica atomizante de la competencia, la racionalidad jurídica rearticula a estos individuos atomizados por medio de la forma tribunal. Desregulación económica y regulación jurídica aparecen así como las dos caras de la racionalidad gubernamental del neoliberalismo norteamericano (Foucault, 2007: 249-274).

Ahora bien, esta articulación no debe leerse en términos causales o deterministas tales que hagan de la judicialización un efecto o un instrumento del neoliberalismo. Se trata, más bien, de reconocer que desregulación económica y regulación judicial han sido efectivamente articuladas de manera estratégica por la racionalidad neoliberal, sin que esto implique un signo necesariamente neoliberal en toda judicialización observable. En este sentido, es exigencia de la teoría política observar los fenómenos de la judicialización, reconociendo y analizando cada una de sus manifestaciones singulares, sin apresurar caracterizaciones de conjunto.

— 3 —

Judicialización de la política

Hay coincidencia en afirmar que, en la Argentina reciente, la judicialización de las prácticas sociales no alcanza las dimensiones de una verdadera transformación cultural, manifestándose más bien en una serie de fenómenos aislados y no generalizables. La judicialización de la política, en cambio, se evidencia en un conjunto de transformaciones de mayor amplitud. Es que la forma tribunal ha alcanzado en tiempo reciente a las más variadas prácticas políticas, otorgando a los jueces el poder de decisión respecto de cuestiones políticas clave. De este modo, prácticas específicas de la esfera política son capturadas por la forma tribunal, volviendo determinante la decisión de un juez erigido sobre las partes en conflicto. Ahora bien, la judicialización de la política no se reduce al activismo de los jueces en cuestiones políticas. Tal como lo han señalado Rachel Sieder, Line Schjolden y Alan Angell, las más de las veces la judicialización no es producto de la iniciativa de los mismos jueces, sino de actores políticos y sociales que los invocan. Esto permite sugerir la distinción entre una judicialización "desde abajo" producida por ciudadanos, movimientos sociales y expresiones de la sociedad civil, y una judicialización "desde arriba", generada por las elites políticas y judiciales (Sieder, Schjolden y Angell, 2008: 9).

La literatura disponible explica la creciente judicialización de la política argentina a partir de una multiplicidad de fenómenos de diversa índole. Me permito agrupar estos factores en función de tres conjuntos de transformaciones: las relativas al Estado de bienestar, a la democracia y a la Constitución.

En primer lugar, el aumento de la litigiosidad en materia política aparece vinculado a la crisis del Estado de bienestar característica del último tercio del siglo XX. Esta crisis se manifiesta, por un lado, en términos de la emergencia de una serie de movimientos sociales de nuevo tipo, expresivos de la diversificación y complejización de la estructura social; movimientos que articulan reclamos que no encuentran respuesta en las pautas de universalidad y homogeneidad características del modo de regulación fordista keynesiano. A esta crisis del Estado de bienestar se yuxtapone la crisis fiscal y la posterior retracción del bienestarismo, de la mano de las reformas estructurales neoliberales. Esta doble crisis del Estado de bienestar da lugar a una serie de demandas sociales de viejo y nuevo tipo que no logran ser satisfechas por las prestaciones estatales. Varias de estas demandas encontrarán su cauce en vía judicial.

El segundo conjunto de factores a la base de la judicialización de la política argentina está asociado con la consolidación democrática. Por un lado, la estabilización del régimen democrático y la vigencia del Estado de derecho permiten el acceso a la justicia al momento de garantizar los derechos de ciudadanía. La consolidación democrática va de la mano de una expansión del discurso de los derechos y del reconocimiento de su valor como reguladores sociales. Al mismo tiempo, y como contrapartida, la literatura señala que las características de la democracia argentina, identificada canónicamente en términos de "democracia delegativa", dan lugar también a una proliferación de recursos judiciales que intentan subsanar los déficits de controles cruzados entre poderes públicos.

El tercer conjunto de factores está vinculado a la reforma de la Constitución de 1994, que implicó el reconocimiento constitucional de nuevos derechos (como los derechos asociados con el medioambiente, con el consumo y con la protección contra todo tipo de discriminación) por vía de la incorporación de nuevos artículos y de un conjunto de tratados internacionales con jerarquía constitucional. La reforma constitucional incorporó asimismo la herramienta del amparo, legitimando el recurso a la justicia tanto de parte de los ciudadanos afectados, como de asociaciones civiles y del defensor del pueblo. De este modo, la reforma constitucional incentivó la judicialización, al otorgar jerarquía constitucional a un vasto conjunto de derechos y a novedosas herramientas para garantizarlos.

De manera esquemática, puede decirse que, en el contexto de la consolidación democrática, la crisis y retracción del Estado de bienestar, por un lado, y la expansión de los derechos y herramientas constitucionales, por otro, funcionaron como pinzas, que presionaron en favor de la canalización judicial de las cuestiones políticas (Fairstein, Kletzel y García Rey, 2010: 27-28). Este esquema puede servir a una caracterización de conjunto, pero corre el riesgo tomar la judicialización de la política como un fenómeno compacto y homogéneo, perdiendo de vista la diversidad de prácticas a las que se alude cuando se habla del fenómeno. Por caso, la judicialización de la política jubilatoria (iniciada en la década del '60) está mucho más asociada al agotamiento del Estado de bienestar que la reciente judicialización de la política medioambiental, catalizada en gran medida por la reforma constitucional de 1994. La judicialización de la política solo puede ser capturada por una mirada atenta a la diversidad de manifestaciones de este fenómeno. Proponemos entonces abordar esta judicialización de la política desde una perspectiva analítica, desagregando el fenómeno en vista de cuatro tipo de prácticas políticas específicas que resultan alcanzadas por la forma tribunal, a saber: (1) la canalización de las demandas sociales, (2) el debate público, (3) la legislación y (4) el gobierno. Analicemos seguidamente cada una de estas manifestaciones.

3.1. Canalización de demandas

Hemos indicado que la judicialización de la política no puede explicarse solo como producto de la iniciativa de los jueces. Más bien, la literatura señala que muchas veces son los mismos representantes políticos los que canalizar sus tácticas por vía judicial. Esta judicialización "por arriba", originada en las elites judiciales y políticas, se completa con una judicialización "por abajo", que surge de los propios ciudadanos (Sieder, Schjolden y Angell, 2008: 9). Es que diversas expresiones de la sociedad civil, desde ONGs globales hasta ciudadanos a título individual, pasando por movimientos de protesta con diversos grados de organización y alcance, acceden a instancia judicial a efectos de amplificar y procurar la satisfacción a sus demandas. De este modo, la demanda judicial se ha transformado en uno de los repertorios de la protesta social en Argentina. A esto refiere Sergio de Piero cuando observa "un desplazamiento del campo de acción desde las calles hacia los tribunales" (De Piero, 2005: 81).

Esta canalización judicial de las demandas sociales se solapa con una de las prácticas políticas eminentes que, en los regímenes democráticos contemporáneos, es desplegada por los partidos políticos, a saber, la canalización de demandas sociales. La literatura politológica coincide en señalar que la agregación de demandas es una de las funciones básicas del sistema de partidos (Alcántara Sáenz y Freidenberg, 2001: 18). Modélicamente, es función de los partidos receptar las demandas dispersas de la sociedad civil, articularlas en plataformas políticas y conducirlas a los espacios de toma de decisión. Esta práctica supone una complementación entre partidos políticos y sociedad civil. Mientras las diversas expresiones de la sociedad civil mantienen firme el patrocinio de sus demandas particulares, los partidos articulan estas demandas entre sí, las conducen a los espacios de legislación y gobierno y, mediante equilibrios y negociaciones, procuran traducirlas en innovaciones legislativas y en políticas públicas. La primera expresión de la judicialización de la política consiste precisamente en canalizar las demandas sociales por vía judicial, desplazando así a la agregación política partidaria.

En la genealogía de esta judicialización de las demandas sociales debe ubicarse el activismo de abogados y organizaciones de derechos humanos que, en el marco de la dictadura militar de 1976-1983, comenzaron a presentar recursos de amparo ante la desaparición sistemática de personas, inaugurando de este modo una tradición de movilización legal que se robustecería en democracia. Este robustecimiento tuvo un impulso decisivo en la reforma constitucional de 1994, que no solo incorporó nuevos derechos, sino que también introdujo la posibilidad de reclamaciones tanto individuales como de parte de organizaciones de la sociedad civil y del defensor del pueblo. Desde entonces, la literatura observa una progresiva tramitación judicial de demandas vinculadas a derechos civiles y políticos, tanto como a derechos sociales y de nueva generación (Bergallo, 2005: 1-2; CELS, 2008: 30-31; Fairstein, Kletzel y García Rey, 2010: 25-29). De este modo, la literatura especializada recupera toda una serie de fallos en los que la judicialización de las demandas de movimientos y organizaciones de la sociedad civil dio lugar a la satisfacción efectiva de derechos conculcados.

Uno de los casos más recuperados por la literatura especializada es el de los vecinos de Villa La Dulce. Una breve reseña de este caso nos permitirá avanzar en una reflexión que problematice el análisis del fenómeno, identificando ambivalencias y contrapartidas. En el año 2000, un conjunto de familias ocupó y construyó viviendas precarias en un terreno en la Capital Federal, abandonado por sus dueños. Un año después, el poder judicial ordenó el desalojo y, como consecuencia, 86 familias quedaron en situación de calle. Gracias a una fuerte protesta social y al acompañamiento de algunos actores institucionales (como la defensoría del pueblo), los vecinos lograron hacia fines de 2001 firmar un acuerdo con las autoridades de la ciudad de Buenos Aires, para el desarrollo de un proyecto de viviendas. Ante el incumplimiento de este acuerdo, los vecinos de Villa La Dulce presentaron un amparo colectivo, con el patrocinio del CELS. Esta judicialización les permitió obtener un nuevo acuerdo con las autoridades de la ciudad y mantener una instancia de negociación permanente durante la construcción de las viviendas. Tras varias dilaciones, en 2008 se finalizaron las obras y los demandantes estuvieron en condiciones de mudarse, comenzando con el plan de pagos. Paradójicamente, la entrega de las 86 unidades se vio postergada, debido a la intrusión de otros vecinos de la ciudad de Buenos Aires con problemas habitacionales (Kletzel y Royo, 2013; Arcidiácono y Gamallo, 2011: 76-77).

La primera enseñanza del caso de los vecinos de Villa La Dulce es que la judicialización de las demandas sociales puede remediar situaciones de pobreza y conculcación, dando efectividad a los derechos de ciudadanía reconocidos por la Constitución. Este caso permite asimismo identificar con particular claridad algunos problemas que fungen de contrapartida al efecto positivo innegable de la judicialización de las demandas sociales. La primera de estas contrapartidas está vinculada a la segmentación social que genera la forma tribunal. Es que la canalización de las demandas por vía judicial, cuando resulta exitosa, da respuesta al conjunto de los demandantes, produciendo una segmentación arbitraria al interior de la población de los afectados por un mismo problema. De este modo, se da lugar a una especie de "Estado de bienestar a pedido", que provee derechos solo a aquellos "clientes" que logren exigirlos por vía judicial, alejándose de principios y criterios de universalidad. Pilar Arcidiácono y Gustavo Gamallo señalan que "en algunas circunstancias, los conflictos políticos no resueltos llegaron a aumentar el malestar entre la población, por tratarse de sentencias favorables individuales o restringidas a un grupo delimitado de personas, que excluyeron a otro grupo en idénticas condiciones que, por diversas razones, no tuvieron acceso a las redes de patrocinio" (Arcidiácono y Gamallo, 2011: 76-77). La referencia a las redes de patrocinio introduce la segunda contrapartida que proponemos considerar. En sus reflexiones sobre el caso de La Dulce, Carolina Fairstein, Gabriela Kletzel y Paula García Rey reconocen que la articulación de los vecinos con los patrocinantes "demostró ser definitiva". Agregan que "a diferencia de muchos otros habitantes de la ciudad con precaria situación habitacional, los vecinos de La Dulce sí lograron torcer la voluntad política del [gobierno de la ciudad] y acceder a una vivienda definitiva". El activismo de las instituciones patrocinantes fue definitorio del éxito del reclamo, incluso cuando las acciones de protesta social de los vecinos habían "declinado fuertemente" (Fairstein, Kletzel y García Rey, 2010: 46-47). En este sentido, Catalina Smulovitz remarca la importancia de las plataformas de apoyo, esto es, de las organizaciones dedicadas a litigar por derechos y de los llamados abogados "de causas" (Smulovitz, 2008: 292). Agrega Smulovitz que el aumento de la litigiosidad judicial ha dado lugar importantes oportunidades económicas y de trabajo para abogados y asociaciones profesionales que se convirtieron en partes interesadas en el desarrollo de los litigios. "Al ofrecer servicios profesionales y *ready made solutions* a los conflictos, los abogados facilitaron no solo el acceso al sistema judicial, en muchos casos también se convirtieron en organizadores *de facto* de la protesta" (Smulovitz, 2008: 303). Estas consideraciones permiten relativizar la distinción propuesta entre una judicialización "por arriba", o de elites, y una judicialización "por abajo", o de ciudadanos. En ambos casos, resulta crucial la intervención de las elites, ya sean que per-

 La vida pública de las palabras

tenezcan al poder judicial, al sistema político o a las asociaciones civiles patrocinantes.

En esta línea, Arcidiácono y Gamallo advierten sobre los peligros del "clientelismo judicial" (Arcidiácono y Gamallo, 2011: 78). Si el clientelismo político se caracteriza por beneficiar a una clientela, facilitándole el acceso a prestaciones del Estado a cambio del alineamiento político, el clientelismo judicial daría cuenta de una situación en principio menos nociva, siendo que el beneficio recibido por la clientela no genera una relación de dependencia política personal; en el peor de los casos, la contrapartida por el beneficio judicial se expresa en honorarios profesionales. Esta distinción, sin embargo, supone una mirada paternalista respecto de las clientelas políticas, que niega de plano toda posibilidad de subjetivación política activa de los sectores populares trabados en estas relaciones clientelares. Debe indicarse que la autonomía y las posibilidades de subjetivación política activa de los beneficiarios también es afectada por el clientelismo judicial. Resulta significativo que, en movilizaciones recientes por el derecho a la vivienda, los ciudadanos damnificados eviten aparecer ante los medios de comunicación, cediendo la palabra a los abogados de las organizaciones patrocinantes.

En suma, la judicialización de demandas sociales constituye un fenómeno novedoso y creciente, que evidencia efectos ambivalentes. Por un lado, la tramitación judicial de estas demandas resulta en varios casos en el alivio a la pobreza y el mejoramiento de las condiciones de los litigantes. Como contrapartida, deben indicarse los efectos de segmentación arbitraria de las prestaciones estatales y de clientelismo judicial. Quienes abogan por la judicialización de los derechos sociales sostienen la expectativa de que sucesivos juicios favorables terminen incidiendo en transformaciones integrales de las políticas públicas (CELS, 2008: 26; Fairstein, Kletzel y García Rey, 78-80). En línea con lo expuesto, puede plantearse más bien lo contrario: la judicialización de las demandas sociales puede tener un efecto inhibitorio de las transformaciones políticas, al mantener los reclamos aislados unos de otros y al proveer alivios discrecionales, que operan como válvulas de escape, aplacando los procesos de articulación y lucha política (Laclau, 2005: 103 y ss.).

3.2. Debate público

La tendencia a la judicialización alcanza también al debate público en su configuración estrictamente fenoménica. Es que la forma tribunal tiende a afectar el modo en que aparecen las discusiones sobre las cuestiones de agenda y la competencia entre posiciones y liderazgos. A este respecto, la idea de un "giro judicial" acuñada por Lucas Martin es expresiva del modo en que la expansión de la forma tribunal opera una inflexión de los lenguajes del espacio público. La discusión y la compulsa política tienden así a incorporar toda una serie de términos jurídico-procesales (amparo, cautelar, apelación, indagatoria, procesamiento, etc.) que dan forma al lenguaje específico del debate público. De este modo, la escena judicial, con sus jueces, acusadores y acusados, se sobreimprime a escenas políticas tradicionales, como son las del discurso ante la multitud o la confrontación de ideas en el ágora.

Esta judicialización del debate público es en gran medida producto de la iniciativa de las propias elites políticas, que recurren a los tribunales para amplificar sus propias posiciones y ganar visibilidad pública, mucho más que para obtener una resolución judicial favorable a sus denuncias. La táctica de judicialización resulta especialmente atractiva para expresiones políticas minoritarias e intensas, que consiguen por vía judicial una amplificación de sus posiciones que difícilmente obtendrían por vía de la competencia electoral y los acuerdos políticos.

Una exploración de superficie de la prensa gráfica arroja datos elocuentes: al momento de la publicación de este libro, el presidente, la vicepresidenta y 23 de los 24 gobernadores de jurisdicciones subnacionales han sido objeto de denuncias penales. Esta escenificación del debate público por intermedio de denuncias judiciales es solidaria del lenguaje audiovisual de la comunicación de masas, para el que la exigencia de entretenimiento se satisface mucho mejor con las intrigas de la escena judicial que con las tediosas especificidades de los temas de agenda pública (Bourdieu, 1997). Expresivo de esta tendencia es el hecho de que las secciones de política de los medios de comunicación estén dedicadas en gran parte a reseñar los avances en las denuncias de corrupción.

Resulta instructivo evaluar los efectos ambivalentes de esta judicialización del debate público en vista de los principios republicanos. En primer lugar, la proliferación de denuncias penales contra los representantes políticos puede ser leída como una reacción saludable de ciudadanos y elites políticas, que acuden a instancia judicial en defensa de lo público. Vemos aquí movilizarse una de las expresiones del republicanismo, asociada con virtudes cívicas indispensables, que implican ante todo la defensa de la cosa pública y su resguardo ante los intereses privados. La tramitación del debate público por vía judicial daría cuenta de una toma de conciencia y una actitud intransigente ante todo intento de los gobernantes de hacerse de la cosa pública para ponerla al servicio de los intereses privados.

Como contrapartida, sin embargo, la judicialización de la política puede resultar lesiva del pluralismo inherente a la tradición republicana. Es que, al igual que las virtudes cívicas y la defensa de lo público, pertenece al credo del republicanismo el elogio de la pluralidad y el disenso como rasgos eminentes de la política. Si la república se distingue de monarquías y principados, si se distingue del "gobierno de uno", es por alojar a su interior el número, la diversidad y el disenso. Hannah Arendt ha identificado este espíritu en toda su importancia, al hacer de la pluralidad la "condición *per quam* de la política" (Arendt, 2003: 22). En este marco, la judicialización del debate público, y la consiguiente transformación de los adversarios políticos en acusadores y acusados, tiene un efecto lesivo de la república. Es que, bajo la forma tribunal, el adversario político se vuelve un delincuente, que debe ser condenado y desterrado del espacio público. La persecución penal del adversario político está reñida con el pluralismo que está a la base de la vida republicana.

En su restitución de Maquiavelo, Claude Lefort advierte sobre el peligro de reducir el republicanismo al "fetichismo de la virtud", indicando que la república solo tiene sentido en una "sociedad efervescente", tensionada por el cuestionamiento y la innovación (Lefort, 2007: 98). La judicialización de la política y, en particular, la judicialización del debate público demuestran estar reñida con esta concepción robusta de la república. Es que la canalización judicial del debate público, conducida tal vez bajo el principio republicano de la defensa de lo público, tiene el efecto de reemplazar la discusión y la competencia política por el juego de las denuncias cruzadas de corrupción. En este giro judicial, el intercambio de propuestas se vuelve un proceso acusatorio, el adversario político se vuelve un delincuente, y el espacio público se vuelve escenario de una caza de brujas, que promete desterrar a los impuros y devolver a la sociedad a su integridad originaria.

3.3. Legislación

La interferencia del poder judicial en la política tiene su expresión clásica en los debates sobre el control de constitucionalidad de las leyes. La facultad de los jueces de controlar la constitucionalidad de las leyes emanadas del poder legislativo y de declarar su inaplicabilidad en casos determinados recibió su elaboración doctrinaria en los ensayos contenidos en *El federalista*. La doctrina emergente faculta a los jueces a declarar la inaplicabilidad de una ley emanada del poder legislativo, lo que entra en evidente conflicto con la competencia del poder legislativo de producir leyes vinculantes. Reseñemos someramente las razones clásicas en defensa del control judicial de constitucionalidad, para considerar después algunas de sus expresiones recientes más significativas.

El argumento en favor de la erección de los jueces como guardianes de la Constitución recibe su tratamiento canónico en el ensayo número 78 de *El Federalista*, elaborado por Alexander Hamilton. De manera esquemática, el argumento de Hamilton puede resumirse en las siguientes premisas.

En primer lugar, Hamilton sostiene que la constitución contiene la declaración directa de la voluntad e intención del pueblo. De este axioma jurídico-político se colige que todo poder público que verdaderamente represente al pueblo debe emitir resoluciones conformes a la constitución. Esto es decir que, en un orden republicano, tanto las leyes del congreso como las disposiciones del presidente deberían expresar la misma voluntad e intención popular que está plasmada en el texto constitucional. Sin embargo, la experiencia demuestra que es recurrente que los poderes políticos promuevan decisiones reñidas con el espíritu de la constitución. De alguna manera, debe explicarse esta discontinuidad entre la voluntad del pueblo expresada en la constitución y la voluntad del pueblo expresada en las leyes y disposiciones que dictan sus representantes.

La segunda premisa, de índole socio-psicológica, apunta a despejar esta confusión. Concretamente, Hamilton sostiene que, si los representantes del pueblo toman decisiones reñidas con la voluntad popular, es porque allí prima el espíritu de facción. La premisa socio-psicológica sostiene que las mayorías son propensas a dejarse llevar por intrigas y coyunturas especiales, dando apoyo a innovaciones peligrosas y opresivas de las minorías. Estos "malos humores" pueden llevar al pueblo y a sus representantes legislativos a promover leyes reñidas con la verdadera voluntad popular.

Finalmente, la tercera premisa, de índole político-institucional, postula que el poder judicial constituye el menos peligroso de los poderes públicos. Esto, en virtud de que el judicial no controla ni la fuerza pública (a disposición del poder ejecutivo) ni los recursos económicos (presupuestados por el poder legislativo). El judicial "no influye ni sobre las armas, ni sobre el tesoro; no dirige la riqueza ni la fuerza de la sociedad, y no puede tomar ninguna resolución activa". Por consiguiente, el poder judicial constituye "el más débil de los tres departamentos del poder" (Hamilton, 2012: 331).

Compongamos estas tres premisas. La constitución expresa la verdadera voluntad e intención de pueblo (premisa jurídico-política), pero esa voluntad popular se encuentra constantemente amenazada por el espíritu de facción, que confunde a las mayorías y que alcanza a sus representantes (premisa socio-psicológica). De allí que sea necesario establecer un dique de contención, que impida que las corrientes facciosas ahoguen la constitución. Ante esta exigencia, el hecho de que el poder judicial sea el más débil de los poderes (premisa político-institucional) permite depositar en él la función de garantizar la preservación de la constitución. Para ello, es necesario que este departamento de gobierno se preserve como un poder contramayoritario, alejado de los malos humores y de las presiones de las mayorías. De allí que los jueces no deben someterse a la elección por el pueblo, garantizando así la estabilidad de sus cargos y poniendo en el centro su competencia en el conocimiento del derecho. Solo así podrán defender la voluntad del pueblo (esto es, la constitución) ante los arrebatos de las mayorías (manifiestos en leyes y disposiciones sancionadas por el poder de turno).

En vista del carácter cuestionable de cada una de estas premisas, la solución hamiltoniana del control judicial de constitucionalidad de las leyes no ha estado exenta de polémicas. Una de las expresiones más célebres de esta polémica ha sido protagonizada por Hans Kelsen y Carl Schmitt en el marco de la República de Weimar. En nuestro medio, Roberto Gargarella ha insistido en los problemas del control contramayoritario de constitucionalidad, señalando que el principal inconveniente de la axiomática hamiltoniana resulta de la llamada "brecha interpretativa" (Gargarella, 1996: 55-57). Es que, incluso de aceptar que la Constitución expresa la voluntad e intención del pueblo, esa voluntad e intención no resulta en todos los casos evidente, sino que debe ser interpretada, y es forzoso que las interpretaciones de la voluntad popular contenida en el texto constitucional sean cuestionables, divergentes y, en ocasiones, abiertamente contradictorias. Un trabajo reciente de Mauro Benente (2013) permite ilustrar este punto. Señala Benente que, mientras juristas como Roberto Gargarella interpretan que la Constitución resguarda el derecho de protesta, al incorporar en sus cláusulas pétreas la libertad de expresión; otros juristas, como Gregorio Badeni, consideran que la Constitución establece estrictas limitaciones al derecho de protesta, al advertir que el pueblo no delibera ni gobierna sino a través de sus representantes. De este modo, no resulta claro si la voluntad e intención del pueblo expresada en la Constitución es la de proteger la libertad de expresión de quienes protestan, o la de castigarlos como sediciosos.

Si bien algunos autores observan una reducción en la cantidad de controles de constitucionalidad y de normas declaradas inconstitucionales (Smulovitz, 2008: 294), lo cierto es que estas ponderaciones cuantitativas deben ser complementadas por una consideración atenta a la relevancia de los casos que terminan en manos del poder judicial. A estos efectos, quisiera reseñar el caso paradigmático de la ley de servicios de comunicación audiovisual o ley de medios. En el año 2009, el poder ejecutivo puso en marcha una serie de audiencias en todo el país para discutir un anteproyecto de ley de medios audiovisuales. Este anteproyecto estaba basado en la propuesta elaborada en 2004 por una red de más de 300 organizaciones civiles y empresas de medios. Tras la discusión del anteproyecto, la propuesta ingresó al Congreso y, tras sufrir nuevas modificaciones (propuestas por partidos de la oposición), la ley fue sancionada con amplio apoyo por ambas cámaras. En su articulado, la ley contenía una cláusula antimonopólica, cuya aplicación afectaría al principal multimedio argentino, el grupo Clarín, con posición predominante e incluso monopólica en varias localidades del país. Tras su promulgación por el poder ejecutivo, dos diputados nacionales iniciaron recursos de amparo, que bloquearon inmediatamente la implementación de las cláusulas antimonopólicas. El trámite judicial insumió cuatro años. Finalmente, la Corte Suprema, tras celebrar una serie de audiencias públicas, se decidió en favor de la constitucionalidad de la ley.

Más allá de la relevancia política e histórica de la ley, el caso reseñado permite señalar una serie de características que ha adquirido en tiempo reciente la judicialización de la actividad legislativa. En primer lugar, resulta cada vez más habitual, pero no por ello menos sorprendente, que sean los mismos legisladores quienes inicien la demanda judicial. En otros casos, como el de la reforma de la carta orgánica del Banco Central en 2012, se observa también esta tendencia de los legisladores a encauzar su oposición a un proyecto por vía judicial, prorrogando o incluso sustituyendo el espacio legislativo del debate y la negociación por el espacio judicial de la denuncia y la acusación (Martin, 2012: 225). El caso de la ley de medios permite también señalar otra característica saliente: el modo en que la judicialización contribuye a la táctica política de dilación de la aplicación de una ley. En el caso presentado, el empleo extendido en el tiempo de medidas cautelares fue solidario de la estrategia de la empresa de dilatar la aplicación de la ley hasta la renovación electoral de los poderes ejecutivos y legislativos. Esto, en un contexto en el que algunos candidatos presidenciales anticiparon que, de ser electos, modificarían la ley en disputa. En tercer lugar, resulta significativo que, antes de resolver la cuestión de fondo, la Corte Suprema convocara a una serie de audiencias públicas, que fueron transmitidas en vivo, y de las que participaron representantes de la empresa y del Estado, tanto como académicos y miembros de organizaciones de la sociedad civil. El recurso a audiencias públicas que involucran no solo a las partes sino también a aquellos comprendidos bajo la figura del *amicus curiae* resulta una innovación de especial significación, que será retomada más adelante.

En suma, el control de constitucionalidad de las leyes es la expresión más clásica de la judicialización de la política, que somete a la legislación vigente a la decisión en última instancia de los jueces. Si bien no pude hablarse de una tendencia creciente a la declaración de inconstitucionalidad de las normas, resulta interesante señalar ciertas características singulares de las experiencias recientes de control constitucional, como lo son la activación por parte de los propios legisladores, las estrategias dilatorias y el recurso judicial a instancias deliberativas. No tiene sentido aquí abundar sobre los problemas clásicos del control de constitucionalidad y la división de poderes. Se nos permita tan solo indicar que, a efectos de una evaluación del fenómeno de la judicialización del proceso legislativo, resulta importante preguntarse en qué medida el proceso judicial puede alojar los acuerdos, los equilibrios y las negociaciones que caracterizan a la política legislativa. Volveremos sobre este punto en el cuarto apartado de nuestro trabajo.

3.4. Políticas públicas

La expresión con seguridad más innovadora de la judicialización de la política está vinculada al activismo judicial en materia de políticas públicas. Precisamente, la literatura especializada observa en tiempo reciente la proliferación de litigios judiciales en los que los jueces toman a su cargo el diseño, la ejecución y el control de las políticas (CELS, 2008: 25; Fairstein, Kletzel y García Rey, 2010: 40; Smulovitz, 2008: 301). Esta expresión de la judicialización de la política implica el avance de la forma tribunal sobre el ejercicio del gobierno, relegando muchas veces al poder ejecutivo al rol de mero administrador de decisiones tomadas en instancia judicial.

El activismo judicial en políticas públicas surge de la mano del reconocimiento del carácter judiciable de los derechos sociales. Esto implica el abandono de la postura tradicional, que rechaza la idea de que los derechos sociales puedan ser objeto de litigio judicial. Tradicionalmente, se distingue entre los derechos civiles y políticos, que implican obligaciones de no hacer de parte del Estado (esto es, no detener arbitrariamente, no censurar, no impedir la reunión ni asociación, no impedir el sufragio), respecto de los derechos sociales, que implican obligaciones estatales de hacer (por ejemplo, construir viviendas, redes de agua y saneamiento, brindar educación, atención de salud). En vista de esta distinción operativa de los derechos, se entiende tradicionalmente que el poder judicial puede intervenir en la defensa de derechos civiles y políticos, instando a los poderes públicos a que cesen las acciones que impiden el goce de esos derechos (por ejemplo, que liberen a una persona detenida arbitrariamente, o que permitan la celebración de una reunión política determinada). Los derechos sociales, en cambio, exigen una obligación activa de parte del Estado (por ejemplo, en la construcción, equipamiento, dotación y puesta en funcionamiento de un hospital) que excede las incumbencias del poder judicial. En base a esta distinción tradicional, se remarca que los derechos sociales contenidos en la Constitución deben tenerse como derechos programáticos, que expresan aspiraciones de la comunidad pero que no son verdaderamente judiciables. Esta distinción ha sido objetada en tiempo

     La vida pública de las palabras

reciente, sosteniendo que todos los derechos implican obligaciones de hacer y no hacer de parte del Estado. Por caso, el derecho civil al acceso a la justicia implica la obligación estatal de mantener tribunales de justicia; el derecho político a sufragar implica la obligación estatal de disponer toda la logística necesaria para la celebración de las elecciones (Bergallo, 2005: 7; CELS, 2008: 31; Fairstein, Kletzel y García Rey, 2010: 26). En este sentido, el CELS señala que no hay diferencias cualitativas en la obligación estatal ante los diversos tipos de derechos, sino que se trata más bien de diferencias de grado (CELS, 2008: 31; Archidiácono y Gamallo, 2011: 70).

Una vez relativizadas las diferencias cualitativas entre los derechos, debe lidiarse con el hecho macizo de que las decisiones judiciales en defensa de derechos sociales son mucho más propensas a constituir meras declaraciones de intenciones, sin correlato en acciones estatales concretas. Es entonces que la literatura especializada restaura la distinción que había abolido, subrayando la necesidad de un tratamiento especial de los derechos sociales. Es que "la tutela de los derechos sociales requiere una intervención compleja que no se agota con la orden judicial de ejecución inmediata" (Fairstein, Kletzel y García Rey, 2010: 30). En esta línea, Paola Bergallo reseña la evolución de la experiencia norteamericana en materia de judicialización de derechos sociales, identificando tres modos de intervención de los jueces. En primer lugar, Bergallo recupera el modo tradicional, de prohibición y requerimiento a las autoridades, donde los jueces se limitan a emitir una sentencia, desentendiéndose del proceso ulterior. Este modo de intervención demostró conducir a meros pronunciamientos simbólicos, sin efectos concretos en términos del accionar estatal. Ante esto, surge un segundo modo de intervención, donde el activismo judicial se manifiesta, más allá de la sentencia, en el comando y control directo de la repartición pública concernida, lo que en los hechos implica que el juez reemplaza a la autoridad ejecutiva a cargo de la toma de decisiones. Un tercer modo de intervención, llamado "litigio experimental", consiste en la apertura de un proceso de negociación con los actores, de carácter dialógico, permanente y público (Bergallo, 2005: 19 y ss.).

Estas modalidades novedosas de intervención del poder judicial en las políticas públicas han tenido un importante desarrollo en la práctica argentina reciente. El caso con seguridad más experimental e innovador es el que ha sido conducido por la Corte Suprema en relación con el saneamiento del Riachuelo. Se nos permita reseñar seguidamente el llamado caso Mendoza, que constituye el buque insignia de la judicialización de las políticas públicas. En 2004, vecinos y trabajadores de la salud presentan una demanda por daños ante los gobiernos nacional, bonaerense y porteño, y ante 44 empresas por la contaminación del Riachuelo. Dos años más tarde, la Corte Suprema convoca a audiencias públicas, exigiendo a las empresas contaminantes informar sobre el tratamiento de sus desechos y e instando a los tres gobiernos a elaborar un plan integral que comprendiera el ordenamiento territorial, el control de actividades perjudiciales, la elaboración de un estudio de impacto, el desarrollo de políticas educativas específicas y la difusión sistemática de información ambiental. Dos años más tarde, un nuevo fallo de la Corte Suprema establece lineamientos, acciones, responsables, metas, plazos y controles en el desarrollo de una política ambiental integral para la zona afectada (Bergallo, 2014: 245-285). Tal es el activismo de la Corte Suprema en materia de política ambiental que, en 2014, crea bajo su órbita la Oficina de Justicia Ambiental. El mismo presidente de la Corte Suprema calificó el rol de su tribunal en este caso en términos de un "activismo casi pretoriano" (Lorenzetti, 2014: 347).

En los casos reseñados, la intervención de los jueces no se limita a influir en el proceso de la política pública, presionando o acelerando su desarrollo. Más bien, los jueces toman decisiones cruciales que hacen a la política pública en su diseño, ejecución y evaluación. Se trata aquí de un verdadero gobierno judicial, que desplaza a las autoridades gubernamentales al rol meramente administrativo. En su defensa del activismo judicial en materia de derechos sociales, Fairstein, Kletzler y García Rey señalan que es importante detenerse en el modo en que efectivamente se condujeron los litigios, a efectos de no caer en extrapolaciones abusivas. Me permito citar extensamente el argumento de las autoras, dado que permite iluminar con claridad lo que considero es el problema de fondo.

> Si se atiende a la dinámica de los litigios (…) se verá que, en general, los tribunales han encontrado la manera de tutelar los derechos afectados, que para ello han tomado como base de su intervención los estándares jurídicos fijados en las constituciones y los tratados de derechos humanos, que a su vez han tratado de resguardar la órbita de acción de los demás poderes del Estado y que no han tomado decisiones técnicas trascendentales o de planificación presupuestaria de manera autónoma, inconsulta o aventurada.

   La vida pública de las palabras

Aun en los supuestos en los que el poder judicial ha avanzado en la definición de los contenidos mínimos que debe tener la política pública para satisfacer los estándares constitucionales y de derechos humanos, se ha limitado a fijar los *resultados esperados*, y ha dejado en manos del poder político el diseño de los *mecanismos más propicios* para alcanzarlos. (Fairstein, Kletzel, García Rey, 2010: 77 [subrayado añadido])

El argumento aquí repuesto se apoya en una serie de experiencias recientes de intervención de los jueces en las políticas públicas que han resultado en la efectiva defensa y promoción de derechos sociales. No cabe aquí preguntarse por experiencias de activismo judicial en políticas públicas que hayan tenido o puedan tener efectos contrarios a los que las autoras cobijan. De la caracterización aquí provista pueden derivarse criterios de legitimación del activismo judicial en políticas públicas. Estos criterios legitimarían el activismo judicial, remedando de alguna manera la regla democrática mayoritaria de la que el poder judicial se sustrae. Una judicialización legítima, entonces, sería aquella que: (1) se limite a establecer, en base a la Constitución y los tratados internacionales, cuáles son los resultados esperables de la política, (2) establezca instancias consultivas con los demás poderes del Estado, y (3) no intervenga en la definición técnica en materia de planificación presupuestaria y diseño de los mecanismos. Considero que esta caracterización es deudora de una concepción despolitizadora, que es necesario traer a la superficie. Despolitización que se manifiesta en el hecho de perder de vista que la definición de los "resultados esperados" es la tarea eminente de la política. Es que la definición de los fines sociales, de los objetivos a los que comunidad aspira, constituye una actividad política eminente, sino la actividad política por excelencia. En tanto tal, la definición del fin de la comunidad resulta una definición polémica, conflictiva, que no puede ser dominio reservado a una cuerpo de especialistas o de técnicos. Una vez definidos los fines u objetivos que la comunidad persigue, los medios técnicos de planificación, diseño y seguimiento de esos fines pueden naturalmente ser encargados a los hombres más competentes en las materias respectivas. En suma, la definición de los fines responde a la lógica política; la definición de los medios más adecuados para unos fines definidos corresponde a la lógica técnica instrumental (Strauss, 2008a: 160-163). En este marco, se vuelve evidente que lo que aquí y en otros lados se presenta como una mera definición de resultados esperados, deducidos de la legislación vigente, constituye en realidad una toma de decisiones políticas de primer orden; decisiones que, sin embargo, ocultan su politicidad, presentándose como la mera aplicación de los preceptos contenidos en la Constitución, los tratados y las leyes. De este modo, la política queda excluida de la definición de los fines, y limitada al rol técnico de establecer los medios administrativos, presupuestarios y logísticos para conducir las decisiones tomadas por el poder judicial. Emerge así con claridad la racionalidad que subyace a la judicialización del gobierno: por un lado, la captura judicial de las decisiones políticas, que se presentan como aséptica aplicación de la ley; por otro lado, la captura técnica del gobierno, que se transforman en un cuerpo profesional (o profesionalizable) de implementación neutral de decisiones. Juristas y técnicos hacen de los políticos una clase prescindente. Resulta ilustrativo en este punto que Paola Bergallo elogie los beneficios del activismo judicial en políticas públicas, llamando a las facultades de derecho a desempeñar un rol fundamental para "promover cambios legales y curriculares que informen a los abogados y los funcionarios judiciales sobre el funcionamiento de la burocracia administrativa, y viceversa, y sobre las interacciones posibles entre la administración, el poder judicial y la sociedad civil" (Bergallo, 2005: 30). Con esto, se remeda, sino involuntariamente, la utopía de una sociedad que resuelve sus asuntos comunes con administración y justicia: la política se ha abolido, como se abole una anacrónica esclavitud.

— 4 —
Imparcialidad y bien común

Pero la lógica de lo político es ineluctable. Esto es decir que todo intento de superar o abolir a la política termina siendo un intento político. Por ende, la judicialización de la política no puede conducirse sino por medio de una politización de los jueces. A medida que el poder judicial se involucra en la canalización de demandas sociales, en el debate público, en la legislación y en el gobierno, sus decisiones se vuelven decisiones políticas. Esta politicidad de los jueces trae a la superficie el problema de su legitimidad, obligando a revisar la concepción canónica del poder judicial como poder neutro o contramayoritario. En esta línea, Abdo Ferez advierte:

Este rol contramayoritario asignado al poder judicial es evidentemente político, pero no fue política la manera de presentarlo ni de legitimarlo. El poder judicial fue cobijado en la teoría política moderna —deudora de la división de los poderes montesquevinos— como el poder más débil, el que debía ser protegido de la voracidad de los restantes. La forma de protegerlo fue justamente presentarlo en su supuesta despolitización e imparcialidad, a lo que favorecía su anclaje en mecanismos técnicos, procesuales y autorreferenciales, sostenidos, por un lado, en burocracias endogámicas y aristocratizantes (los jueces, decía Madison en *El Federalista*, serían "conocidos personalmente por una pequeña fracción del pueblo") y por el otro, en códigos a la vez locales y universalistas, con presumidos fundamentos civilizatorios. (Abdo Ferez, 2014: 52-53)

Si los jueces asumen un rol político muchas veces determinante, cabe preguntarse cuáles son los criterios de legitimidad del ejercicio de ese poder. En líneas generales, la literatura especializada es consciente del problema de un poder que se jacta de ser contramayoritario y que, sin embargo, se involucra en decisiones que afectan a mayorías y minorías. Los intentos de subsanar ese déficit de legitimidad del poder judicial exigen alejarse de la argumentación hamiltoniana presentada más arriba. En algunos casos, ese alejamiento implica la relativización de la premisa socio-psicológica, de la falibilidad de las mayorías. En esta línea, se han propuesto formas de democratización del poder judicial, por vía de la elección de los miembros del consejo de la magistratura o de la celebración de juicios con jurados populares. En otros casos, el intento de subsanar el déficit de legitimidad del poder judicial opera relativizando la premisa político-institucional, que argumenta que la debilidad relativa de esta rama de gobierno la exonera del deber de someterse a la opinión popular. De allí que la legitimidad de los funcionarios judiciales no se apoye en el favor electoral, sino en la competencia y el conocimiento experto. En esta línea, varios juristas han avanzado la propuesta de una justicia dialógica, en la que las decisiones se toman tras un proceso deliberativo del que participan todos los posibles afectados. De este modo, el poder judicial podría subsanar su déficit de legitimidad en términos del criterio mayoritario, apoyándose en la legitimidad provista por el criterio deliberativo: al tener en cuenta los intereses, perspectivas y puntos de vista de todos los posibles afectados, los jueces perfeccionan y enriquecen sus decisiones (Gargarella 1996: 13, 157-161). Esta perspectiva se apoya en la premisa de que la competencia e independencia de los jueces no es garantía suficiente de decisiones correctas; y que el mejor modo de llegar a decisiones imparciales es involucrando a todos los afectados en un proceso deliberativo. Tal como hemos reseñado más arriba, esta propuesta de una justicia deliberativa ha sido incorporada en una serie de causas ejemplares, en las que el proceso judicial se apoyó en la celebración de audiencias públicas con amplia participación, no solo de las partes sino de terceros interesados.

Antes de evaluar cuán satisfactorio resulta el criterio de legitimidad propuesto, es necesario remarcar que la deliberación se da en el marco de un proceso de toma de decisiones, en el cual la unanimidad es una posibilidad entre otras, y no precisamente la más factible. Las más de las veces, las decisiones tomadas tras procesos deliberativos están reñidas con las preferencias de algunos afectados. No más pensar en la decisión tomada tras las audiencias públicas por la ley de medios: el grupo Clarín, que participó del proceso deliberativo, debió finalmente atenerse a una decisión que perjudicó su posición de mercado. Es obvio que los procesos deliberativos pueden conducir a decisiones que los mismos participantes rechacen. Esta obviedad precisa sin embargo ser recordada, debido a que quienes promueven soluciones deliberativas tienden a escamotear el problema insuperable de la decisión. En este sentido, resulta sugestivo que Roberto Gargarella sostenga que "las soluciones dialógicas *eluden* el problema de la 'última palabra'" (Gargarella, 2014: 122 [subrayado añadido]). Estamos de acuerdo con Gargarella, siempre que se entienda que esta elusión se da en los discursos y no en los hechos.

Ahora bien, en la mayoría de los casos, resulta innegable que una decisión tomada tras considerar dialógicamente los diferentes puntos de vista involucrados es mucho más propensa a cumplir con estándares de imparcialidad y corrección que una decisión tomada a puertas cerradas. Salvo cuando la índole de la decisión lo impide (por ejemplo, en el caso de cuestiones médicas de urgencia o de cuestiones sensibles de política internacional), hay buenas razones para pensar que la disposición de instancias públicas de deliberación entre los potenciales afectados resulta en el enriquecimiento de las decisiones tomadas. En este sentido, la articulación de instancias deliberativas no ha sido exclusividad del poder judicial: en los diferentes niveles de gobierno (municipios, provincias y nación), tanto en los poderes legislativos como ejecutivos, puede observarse una

   La vida pública de las palabras

proliferación de instancias informativas, consultivas, participativas y decisorias de diversa índole. Por no abundar en ejemplos, remito a las negociaciones paritarias sostenidas en el marco del poder ejecutivo nacional entre sindicatos y patronales; y, en el ámbito legislativo, al trámite ampliamente publicitado y deliberativo que tuvieron leyes como la ley de medios arriba reseñada y la del llamado matrimonio igualitario. Es cierto que estas instancias deliberativas no pueden generalizarse, y que existen ámbitos de gobierno y legislación sustraídos de todo diálogo. A nadie escapa que lo mismo puede decirse del poder judicial. En este sentido, nada obsta a que el criterio de legitimidad deliberativo se traduzca en el reenvío de las causas de fuerte voltaje político a las instancias deliberativas de gobierno y legislación. Si la deliberación puede preceder todo tipo de decisiones, ¿por qué no dejar las decisiones judiciales en manos de jueces, y las decisiones políticas en manos políticas? ¿Por qué dejar las decisiones políticas en manos de funcionarios sustraídos de la regla mayoritaria?

Hamilton sostenía que las mayorías son falibles, peligrosas y propensas a oprimir a las minorías. Como es evidente, de esto no se sigue que el poder contramayoritario sea necesariamente infalible, seguro y garante de los derechos de las minorías. Ante esto, quienes argumentan en favor de la justicia deliberativa sostienen que la deliberación puede morigerar las inclinaciones contramayorias del poder judicial. Siguiendo esta línea de razonamiento, nada obsta a que la deliberación actúe también morigerando las inclinaciones mayoritarias de los poderes ejecutivo y legislativo. ¿Por qué, entonces, no dejar las decisiones políticas en manos políticas?

Intentaré argumentar por qué sí dejar las decisiones políticas en manos políticas. Se me permita a estos efectos establecer una consideración algo axiomática, que intentaré ilustrar con un caso reciente. La justicia deliberativa, en su funcionamiento ideal, apunta a la imparcialidad, es decir, a la consideración equidistante de todas las partes. La política democrática, en su funcionamiento ideal, apunta en cambio a la universalidad. Cuando la justicia deliberativa hace política, convierte a la universalidad en una parte entre las partes o, lo que es lo mismo, subsume el bien común a la lógica de la negociación entre bienes particulares. A efectos de ilustrar este punto, me permito introducir una reflexión sobre el activismo judicial en materia previsional (Smulovitz, 2008). En el año 2006, la Corte Suprema emitió un fallo, conocido con el nombre de Badaro, que dispuso un aumento al 88,6 por ciento en los haberes jubilatorios del demandante. En el año 2011, la Corte Suprema instó a la ANSES (la administración nacional de jubilaciones y pensiones) a que informara cuál sería la plausibilidad y el impacto de generalizar el aumento concedido a Badaro a la totalidad de los jubilados. En esa oportunidad, el titular de la ANSES informó que tal generalización pondría en riesgo institucional al sistema jubilatorio. Tres años más tarde, el poder ejecutivo envió al Congreso un proyecto de ley para incorporar a la masa jubilatoria a toda una serie de adultos mayores que no contaban con los aportes mínimos para jubilarse. Esta "moratoria" implica reconocer el derecho a jubilarse de los adultos mayores que durante sus años de actividad económica fueron víctimas del desempleo o de la informalidad laboral. La decisión tomada por los poderes políticos apunta a un equilibrio, que permita conceder aumentos moderados de las jubilaciones e integrar al mismo tiempo a los sectores excluidos. Esta decisión no podría haberse tomado de no contar con los recursos presupuestarios. Esto implica que, si la Corte Suprema hubiese dispuesto la universalización de la fórmula aplicada para el caso Badaro, esta decisión del poder ejecutivo no habría sido posible. Ahora bien, la decisión entre la fórmula "más jubilados con menores jubilaciones" y la fórmula "mejores jubilaciones para menos jubilados" es una decisión eminentemente política, esto es, una decisión relativa a la idea de bien común y al fin al que aspira la comunidad. Supongamos por un momento que esta decisión se tomara en un proceso judicial deliberativo. Demos por supuesto que todos los afectados están igualmente organizados y capacitados para expresarse. Demos por supuesto también que los decisores escuchan a todos los afectados en un proceso deliberativo, público y transparente. Así y todo, la decisión por una u otra alternativa no surge de la prolija relatoría de las intervenciones de las partes: surge de ideas de justicia social y de bien común definitorias de la comunidad política. La oclusión de la pregunta por el bien común, la disolución del bien común en el bien de las partes, es condición de la judicialización de la política, incluso en sus expresiones más encomiables.

Dos objeciones deben atenderse en este punto. La primera de ellas desconfía del idealismo presente en estas apelaciones al bien común, y denuncia la ingenuidad de creer que la política satisfaga, por vía del gobierno y la legislación, estándares tan encumbrados y exigentes. Ante esta objeción "realista", es importante delimitar la función clásica de los ideales en la teoría política. Cuando menos desde Platón, los ideales no pretenden describir las instituciones existentes, sino operar como criterios para distinguir mejor de peor, para criticar lo existente y para orientar los cambios políticos (Strauss, 2008b: 259). Esto debería ser claro para los promotores de la justicia deliberativa, que avanzan su opción por un ideal de administración de justicia al que muy pocos casos se aproximan y ninguno de ellos de manera perfecta (Gargarella, 2014: 148-9). Comparar el ideal de justicia deliberativa con las prácticas concretas del poder judicial permite distinguir mejor de peor, criticar lo existente y proponer cambios. Comparar el ideal político del bien común con las prácticas concretas del ejecutivo y legislativo permite igualmente distinguir mejor de peor, criticar lo existente y proponer cambios. Ahora bien, comparar la justicia deliberativa ideal con las prácticas políticas concretas de gobierno y legislación, y concluir en la superioridad del poder judicial sobre el ejecutivo y legislativo constituye una estrategia erística, que apunta a confundir más que a convencer. Autocontradicción pragmática de una propuesta deliberativa que, sin embargo, prefiere para sí la argumentación astuta a la comunicación franca.

La segunda objeción que debe atenderse reconoce cómo operan las ideas en la teoría política y apunta en este marco a precisar el ideal democrático de las sociedades modernas. Recuperando a Bernard Manin, se sostiene que la legitimidad de las democracias modernas se identifica con los principios del gobierno representativo, resumibles en (1) elecciones periódicas, (2) independencia relativa de los representantes, (3) libertad de opinión pública política, y (4) procesos deliberativos de toma de decisión. En esta línea, Manin subraya que las democracias representativas modernas no constituyen una forma directa o mediatizada de gobierno popular, sino un gobierno de elites, sometidas en todo caso a "la prueba de la discusión": mediante el voto y la opinión pública, el pueblo discute sobre la *performance* de sus representantes; mediante los procesos deliberativos, las elites discuten sobre las políticas adecuadas. Manin concluye que "es entonces el concepto de juicio en su sentido judicial el que describe mejor el papel atribuido a la colectividad, sea al pueblo mismo sea a sus representantes. La democracia representativa no es un régimen en el que la colectividad se autogobierna, sino un sistema en el que todo lo que corresponde al gobierno está sometido al tribunal colectivo" (Manin, 1999: 37). Esta equiparación de la democracia representativa con la lógica judicial habilita una serie de desplazamientos y permutaciones mayores. Si lo que define a la democracia representativa no es la elección sino la deliberación, resulta forzoso que los procesos deliberativos se presenten como tanto o más democráticos que los electorales. Al enfatizar el componente deliberativo sobre el electoral, los funcionarios judiciales resultan tan representativos y democráticos como los políticos elegidos por las grandes mayorías. En este sentido, Lucas Martin reseña la idea de representación judicial:

> La perspectiva de una justicia que deviene instancia de representación parece allanarse en el marco de las transformaciones experimentadas en la forma de la democracia en las últimas décadas. No obstante, aunque es posible identificar varios de los elementos que B. Manin, en su clásico estudio, señala para toda forma de representación (...), el componente de elección periódica de los representantes está, por definición, ausente cuando se trata de los jueces. Componente éste, es cierto, aristocrático en su origen antes que democrático, pero distintivo de las democracias representativas modernas. Sea como fuere, los jueces fundan su legitimidad en la unanimidad que supone la Constitución como pacto social de la totalidad, de la comunidad de ciudadanos toda; y, si bien no son expuestos al control periódico del voto, esa legitimidad es puesta a prueba ante el escrutinio de la opinión pública y la ciudadanía. (Martin, 2012: 231-232)

De este modo, tal como señala Martin, para mucha de la literatura disponible, "la perspectiva de una justicia que toma el lugar de la representación política aparece como pregunta, como virtualidad, como deriva o como promesa" (Martin, 2012: 231). Por decir lo menos, la argumentación reseñada por Martín incurre en la falacia del accidente, al trocar un atributo que, en la teoría y la ciencia política, es esencial de la democracia (las elecciones libres y periódicas) por otro que, si bien importante, no deja de ser accidental (la deliberación, en la versión característica de los parlamentarismos europeos). Al rectificar de este modo el ideal democrático moderno, relativizando la importancia de las elecciones, queda allanado el camino para una representación judicial legítima y democrática. El oneroso precio, teórico y práctico, de esta redefinición de la democracia representativa es la imposibilidad de distinguir democracias de dictaduras.

Quisiera cerrar este trabajo remarcando el carácter ambivalente del fenómeno de la judicialización de la política. A lo largo del texto, nos ha interesado evaluar este fenómeno en la singularidad de sus manifestaciones y en la ambivalencia de sus efectos. La primera pauta ha implicado la movilización de un esfuerzo analítico, atento a las diversas expresiones de la judicialización en relación con las demandas y los movimientos sociales, en relación con el debate público y la competencia política, en relación con la actividad legislativa y el control de constitucionalidad, y en relación con el gobierno y el diseño, ejecución y control de políticas públicas. La segunda pauta ha implicado la movilización de un esfuerzo crítico, consistente en evaluar cada manifestación de este fenómeno en sus efectos positivos y negativos. Esto, en el convencimiento de que el poder judicial es un poder y que, tal como lo indicó Michel Foucault, el poder no es bueno ni malo, sino peligroso.

Es en este sentido que la cautela se vuelve una exigencia de la reflexión política, tanto en la teoría como en la práctica. En sus célebres reflexiones sobre la vocación política, Max Weber sostiene que el hombre político debe combinar de la mejor manera posible sus convicciones respecto de lo justo con su responsabilidad por los efectos de su accionar. Es en la combinación siempre inestable de convicciones y responsabilidades que se define la ética de lo político. En las cosas jurídicas y morales, la justicia bien puede valer el mundo. Es así que la ética del convencido puede postular la máxima *fiat iustitia et pereat mundus*. El santo hará de los derechos su causa y su bandera, sin importar que el mundo arda. La política, en cambio, no sabe de santos. En las cosas políticas, la búsqueda de la justicia está siempre ecualizada por la necesidad de preservar el mundo común. La ética política consiste en acomodarse al muchas veces imposible precepto de *fiat iustitia acque mundus*. Aristóteles era consciente de que la política es una ciencia inexacta. Y era consciente también que la ciencia política es la ciencia de la prudencia.

Referencias bibliográficas

Abdo Ferez, Cecilia (2014). La política y la juristocracia. *Sociedad*, *33*, 51-72.

Alcántara Sáenz, Manuel y Freidenberg, Flavia (2001). Los partidos políticos en América Latina. *América Latina Hoy*, *27*, 17-35.

Arcidiácono, Pilar y Gamallo, Gustavo (2011). Política social y judicialización de los derechos sociales. *Temas y Debates*, *15*, 65-85.

Arendt, Hannah (2003). *La condición humana.* Buenos Aires: Paidós.

Bergallo, Paola (2005). Justicia y experimentalismo: la función remedial del poder judicial en el litigio de derecho público en Argentina. *Seminario en Latinoamérica de Teoría Constitucional y Política*. Yale Law School.

—— (2014). La causa "Mendoza": una experiencia de judicialización cooperativa sobre el derecho a la salud. En Roberto Gargarella (Comp.), *Por una justicia dialógica*. Buenos Aires: Siglo Veintiuno editores.

Böhmer, Martín y Salem, Tatiana (2010). Litigio estratégico: una herramienta para que el Poder Judicial tenga voz en políticas públicas clave. *Documento de Políticas Públicas: Análisis*, N° 89, dic. 2010. CIPPEC.

Borzese, Dana; Gianatelli, Natalia y Ruiz, Roberta (2006). Los aprendizajes del Banco Mundial. La resignificación del Estado en la estrategia de lucha contra la pobreza. En Susana Murillo (Coord.), *Banco Mundial. Estado, mercado y sujetos en las nuevas estrategias frente a la cuestión social.* Buenos Aires: Ediciones CCC.

CELS (2008). *La lucha por el derecho.* Buenos Aires: Siglo Veintiuno editores.

De Piero, Sergio (2005). *Organizaciones de la sociedad civil.* Buenos Aires: Paidós.

Fairstein, Carolina; Kletzel, Gabriela y García Rey, Paola (2010). En busca de un remedio judicial efectivo: nuevos desafíos para la justiciabilidad de los derechos sociales. En Pilar Arcidiácono, Nicolás Espejo y César Rodríguez Jaravito (Comps.), *Derechos sociales: justicia, política y economía en América Latina.* Bogotá: Siglo del Hombre Editores.

Foucault, Michel (1992). *Microfísica del poder.* Madrid: La Piqueta.

—— (1997). *Defender la sociedad.* Buenos Aires: Fondo de Cultura Económica.

—— (2007). *Nacimiento de la biopolítica.* Buenos Aires: Fondo de Cultura Económica.

Gargarella, Roberto (1996). *La justicia frente al gobierno.* Buenos Aires: Ariel.

—— (2014). El nuevo constitucionalismo dialógico frente al sistema de frenos y contrapesos. En Roberto Gargarella (Comp.), *Por una justicia dialógica.* Buenos Aires: Siglo Veintiuno editores.

Hamilton, Alexander; Madison, James y Jay, John (1987). *The Federalist Papers.* Londres: Penguin.

Hayek, Friedrich (1978). *Camino de servidumbre.* Buenos Aires: Alianza Editorial.

Kletzel, Gabriela y Royo, Laura (2013). Una experiencia de exigibilidad jurídica y política del derecho a la vivienda: el caso de los vecinos de Villa La Dulce. *Democracia y Derechos, 2* (4), 111-125.

Laclau, Ernesto (2005). *La razón populista.* Buenos Aires: Fondo de Cultura Económica.

Lorenzetti, Ricardo (2014). Las audiencias públicas y la Corte Suprema. En Roberto Gargarella (Comp.), *Por una justicia dialógica.* Buenos Aires: Siglo Veintiuno editores.

Manin, Bernard (1999). Los principios del gobierno representativo. *Revista Sociedad*, N° 6.

Martin, Lucas (2012). Las formas del giro judicial. Judicialización de la política en la democracia argentina contemporánea. En Isidoro Cheresky y Rocío Annunziata (Comps.), *Sin programa, sin promesa*. Buenos Aires: Prometeo.

O'Donnell, Guillermo (2008). Epílogo. En Rachel Sieder, Line Schjolden y Alan Angell (Eds.), *La judicialización de la política en América Latina*. Bogotá: Universidad Externado de Colombia.

Prodi, Paolo (2008). *Una historia de la justicia*. Buenos Aires: Katz.

Schmitt, Carl (2001). Teología politica. En Carlos Orestes Aguilar (Comp.), *Carl Schmitt, teólogo de la politica*. México: Fondo de Cultura Económica.

Rosanvallon, Pierre (2006). *El capitalismo utópico*. Buenos Aires: Nueva Visión.

Sieder, Rachel; Schjolden, Line y Angell, Alan (2008). *La judicialización de la política en América Latina*. Bogotá: Universidad Externado de Colombia.

Smulovitz, Catalina (2008). La política por otros medios. Judicialización y movilización legal en la Argentina. *Desarrollo Económico, 48* (190/191), 287-305.

Strauss, Leo (2008a). Comentario sobre *El concepto de lo político*, de Carl Schmitt. En Heinrich Meier (Comp.), *Carl Schmitt, Leo Strauss y* El concepto de lo político. Buenos Aires: Katz.

—— (2008b). *Sobre la tiranía*. Madrid: Encuentro.

Weber, Max (1988). *El político y el científico*. Buenos Aires: Alianza.

CAPÍTULO 7

Secretos de Estado

— 1 —

Transparencia

La aversión a los secretos constituye una permanente de la teoría política contemporánea. De esto, un puñado de ejemplos. A comienzos de los setenta, Robert Dahl señaló que no hay democracia sin igualdad en el acceso a la información política. Con esta premisa poliárquica en mente, advirtió a sus compatriotas estadounidenses que las crecientes regulaciones vinculadas a la seguridad nacional no hacían más que expandir el hiato informativo que separa al conjunto de la población respecto de las elites políticas (Dahl, 2006: 73). Una década más tarde, el italiano Norberto Bobbio postuló que "la opacidad del poder es la negación de la democracia" (Bobbio 2013: 32). Decía Bobbio a principios de los ochenta que no hay democracia sin derecho a la información y que todo poder oculto destruye los pilares del gobierno democrático (Bobbio, 2003: 37). La publicidad de los actos de gobierno, concluiría Bobbio más tarde, es lo que distingue al Estado de derecho respecto del absolutismo (Bobbio 1995: 106). En la misma línea se expresó recientemente el brasileño Roberto Romano. En un libro de 2014, Romano retrotrajo los secretos políticos a la antigua doctrina de la razón de Estado y señaló que las revoluciones democráticas apuntaron precisamente a repudiar toda opacidad política. Sentenció Romano que "la democracia empieza y termina con el secreto" (Romano, 2014: 181): empieza como una revuelta contra la opacidad del poder, pero trepida cada vez que esa opacidad contraataca.

Está en lo cierto Byung-Chul Han cuando sostiene que "ningún otro lema domina tanto hoy el discurso público como la transparencia" (Han, 2013: 11). Resulta en cambio debatible la insistencia de Han respecto de la novedad de esta exigencia. Es que las ideas avanzadas por Dahl, Bobbio y Romano se encuentran ya magistralmente expuestas en los escritos de Jeremy Bentham, Immanuel Kant o Benjamin Constant. Fueron estos ilustres pensadores quienes hacia fines del siglo XVIII y comienzos del XIX dieron forma definitiva a la axiomática republicana que, desde entonces, sirve para condenar los secretos políticos. El señalamiento contemporáneo del antagonismo entre democracia y secreto remeda así un viejo y recurrido episodio de la teoría política.

Si esta recurrencia no ha derivado en una pesada letanía es debido al interés siempre renovado que la temática suscita. Concretamente, lo que renueva este interés es el impacto producido cada vez que un secreto político es develado. Dahl escribió sus reflexiones mientras los *Papeles del Pentágono* daban a conocer las operaciones secretas de Estados Unidos en Vietnam. Bobbio escribió sus reflexiones al calor de la conmoción generada por el descubrimiento de la nómina de miembros de la logia *Propaganda Due*, entre los que se contaban altos funcionarios, legisladores e incluso primeros ministros. Romano publicó su libro pocos meses después de que se conocieran las denuncias contra decenas de políticos y empresarios por sobornos vinculados con contrataciones de la estatal Petrobras. Si el secreto constituye una preocupación permanente de la teoría política es precisamente porque la dinámica política de nuestras sociedades se ve conmovida de manera recurrente por el impacto de su revelamiento.

Que la cuestión de los secretos políticos constituya un tema siempre candente conspira contra las posibilidades de un abordaje sopesado y cabal. El lector interesado en el tema deberá exponerse inevitablemente a una maniobra repetida en numerosos textos contemporáneos; maniobra reductible a tres movimientos: (1) postulación del axioma democrático de la transparencia, (2) identificación de los secretos políticos con los regímenes predemocráticos y (3) constatación indignada de la persistencia de opacidades. Los secretos políticos quedan así presentados como un repertorio anacrónico que retorna de manera intempestiva. Estos abordajes pueden ser muy edificantes pero, a fin de cuentas, resultan poco analíticos y, las más de las veces, superficiales.

— 2 —
Esoterismo

Daría la impresión de que la única manera de conocer la cuestión de los secretos políticos consiste en navegar río arriba en el curso de nuestra tradición, para remontarse a los siglos XVII o XVI y dar con aquella literatura de la modernidad temprana que se mostraba más permisiva respecto del asunto. Con toda probabilidad, la primera obra que saldrá al encuentro del lector será *El príncipe* de Maquiavelo. En su capítulo 18, ante la pregunta por el carácter vinculante de las promesas, Maquiavelo argumenta que la experiencia recomienda ser más bien astuto. Ilustra Maquiavelo que hay dos medios de combatir: las leyes y la fuerza. Combatir con las leyes es propio de los hombres; hacerlo con la fuerza es propio de las bestias. Dado que en muchas ocasiones las leyes no bastan, es necesario saber usar la fuerza de las bestias, lo que implica saber emplear tanto la fuerza física del león como la fuerza intelectual de la zorra. De allí que el príncipe deba aparentar poseer todas virtudes, pero pueda también prescindir de ellas cuando la necesidad lo exija. El dominio de las apariencias, de las medias verdades y de los engaños se constituye así en un expediente político tan importante como las leyes y la violencia (Maquiavelo, 1995: 115-120).

Con esto, Maquiavelo se erige en fundador de la tradición realista de pensamiento político. Muchos fueron los discípulos que adoptaron sus enseñanzas, pero no menos fueron aquellos que tomaron nota de la condena que le valió al maestro el hecho de haber expuesto sus ideas con franqueza. Los sucesores de Maquiavelo que comprendieron el lugar eminente que los secretos ocupan entre las cosas políticas y que estaban en condiciones de abordar la cuestión de manera sopesada y cabal, comprendieron también la necesidad de transmitir esas enseñanzas de manera velada. En un minucioso libro sobre los tratados relativos a los secretos de Estado del siglo XVII, Robert Donaldson señala:

> Los textos en esta tradición no solo son sobre los *arcana*: con mucha frecuencia, son trabajos *arcana*, secretos o privados, ideados para preservarse de la vista pública. Estos textos, siguiendo a Maquiavelo, aconsejan a los gobernantes a disimular sus intenciones y ocultar los modos mediante los que ejercen el poder, y los escritores de estos textos ocultan con frecuencia la relación que

ellos mismos tienen con su trabajo, sus intenciones y sus fuentes. (Donaldson, 1988: 86)

Ilustrativo en este sentido es el caso del tratado del italiano Torquato Accetto *Sobre la disimulación honesta*, publicado en 1641. En su prefacio, Accetto confiesa haberse visto obligado a mutilar dos tercios de la obra original a efectos de su publicación. Lamenta que el lector tenga que lidiar con un texto plagado de cicatrices pero, en su defensa, argumenta: "el escribir sobre la disimulación ha buscado que yo disimulara" (Accetto, 1997: 8). Seguidamente, dedica los veinticuatro capítulos de su tratado a movilizar antecedentes bíblicos e históricos en favor del disimulo. Hecho esto, finaliza su texto con una recapitulación de las virtudes de la disimulación. Entre ellas, reconoce la capacidad de "ordenar las repúblicas, administrar la guerra y conservar la paz" (Accetto, 1997: 60). Es llamativo que esta sea la primera y única vez que el texto refiere al uso político de la disimulación. La cuestión se aclara parcialmente cuando el lector recuerda que dos tercios de la obra original debieron ser prudentemente ocultados.

Similares suspicacias despierta el caso de Gabriel Naudé, un libertino erudito que hacia 1639 publica un libro sobre los secretos titulado *Consideraciones políticas sobre los golpes de Estado*. El libro abre con un extraño prefacio, en el que anticipa que el contenido no será del agrado de todos, pero que se vio obligado a llevarlo a la prensa por orden de su protector, un diplomático papal que prefería leerlo impreso y no manuscrito (Naudé, 1964: 43-44). Naudé se excusa señalando que solo se editaron doce copias, lo que resulta extraño, siendo que con un ejemplar habría bastado. Más extraño resulta el hecho de que, para el año 1639, el supuesto destinatario se encontraba irremediablemente enfermo. Eso, sin contar el hecho de que, tal como relata Donaldson (1988: 160-4), los registros de la época dan cuenta de más de un centenar de ejemplares en circulación. En el primer capítulo, se pregunta Naudé cómo abordar la cuestión de los secretos. Recuerda el caso de un eximio disertante sobre caballos que, antes de proceder a sus exposiciones, se ponía en cuatro patas y relinchaba (Naudé, 1964: 76). Si el método exige que las cosas equinas sean tratadas equinamente, debería esperarse entonces que las cosas del secreto sean abordadas con el método respectivo.

Años más tarde Naudé fue convocado por el cardenal Richelieu para administrar su biblioteca, función en la que fue ratificado por el sucesor del *premier* francés, el cardenal Mazarino. Mazarino por su parte escribió en 1648 un *Breviario de los políticos.* Comienza el texto señalando que los principios en los que se basa la filosofía de la época son dos: "simula y disimula" (Mazarino, 2007: 8). Inmediatamente, traduce estos principios en términos menos escandalosos, sosteniendo que la máxima de simular equivale a conocerse a uno mismo y la máxima de disimular, a conocer a los demás. Esto abre paso a una serie de consejos relativos al autocontrol y al gobierno de las emociones, y a las astucias que permiten conocer los secretos de los otros. Así, un texto cuyo título menciona a los políticos y que comienza con la audaz postulación del arte del ocultamiento, termina ofreciendo una serie de genéricos consejos de salón, carente de toda referencia específica al gobierno político.

La enseñanza que estos materiales brindan en relación con los secretos políticos es que no resulta conveniente abordar esta cuestión de manera directa o explícita: preferible es recurrir a expedientes alusivos y esotéricos. Esto agrava las dificultades de quien pretende internarse en la cuestión de los secretos políticos. Ya indicamos la falta de sistematicidad que aqueja a muchos de los abordajes contemporáneos. Lo que venimos de comentar complejiza aún más nuestro panorama. Si los partidarios de los secretos políticos esconden sus reflexiones más profundas, los detractores de los secretos políticos prescinden de toda profundización, despachando el asunto desde el vamos. Unos colocan el tema en una profundidad difícilmente accesible. Otros lo resuelven con una superficialidad difícilmente instructiva.

— 3 —

Secreto

A efectos de ganar claridad sobre nuestro tema, resulta conveniente explicitar a qué remite la noción de secreto. Alfred Ernout y Antoine Meillet contribuyen a rastrear la etimología del término en el verbo *secernere* que remite a la acción de "poner a un lado" o "poner a distancia". Este verbo deriva a su vez de *cernere*, lo que abre un amplio campo semántico, incluyendo nociones concretas, como las de "pasar por la criba" o tamizar, y otras más generales, como las de "distinguir entre diferentes objetos", "elegir entre diferentes opciones" e incluso "decidir" (Ernout y Meillet, 1951: 204-5).

A resultas de estas precisiones etimológicas, secreto es aquello que, al tamizar, es puesto a un lado. El carácter deliberado de esta reserva permite distinguir el secreto voluntario del error involuntario.

Señala Eva Horn que esta acción deliberada de "segregar" tiene un correlato sociológico inmediato en la distinción entre quienes conocen el secreto y quienes no. El secreto constituye así una relación social que incluye a unos porque excluye al resto (Horn, 2012: 110). Esta línea de reflexiones había sido ya explorada por Georg Simmel en un fragmento sobre las sociedades secretas. Allí Simmel asume la tarea de distinguir secreto de mentira. En principio, la definición del secreto como "una restricción del conocimiento que unos tienen sobre otros" o "un ocultamiento consciente y voluntario" obsta a la posibilidad de desmarcarlo de la mentira. De todos modos, Simmel establece una distinción técnica: si la mentira es un medio de ocultamiento positivo y agresivo, el secreto es en cambio negativo y defensivo (Simmel, 1908: 262, 272).

La tenue distinción sugerida por Simmel tiene por antecedente la diferenciación clásica entre disimulación y simulación. Si bien ambas pueden disponerse en una escala de ficcionalización (Taranto, 2000: 655), lo cierto es que se trata de dos acciones distintas. Mientras la simulación consiste en la producción activa de artificios, la disimulación implica callar o dejar creer. Es Accetto quien más atención prestó a la diferencia de la disimulación respecto de la mentira. En su intento de justificar empleos honestos del secreto, sostiene que la disimulación "no forma lo falso, sino que da descanso a lo verdadero". Disimular consiste en "no hacer ver las cosas como son". Compendia Accetto que "se simula aquello que no es, se disimula aquello que es" (Accetto, 1997: 16, 24). Si bien estas sutiles precisiones permiten distinguir secreto de mentira, lo cierto es que, las más de las veces, las relaciones entre ambas prácticas resultan fluidas y difíciles de discriminar. Esto es particularmente ostensible en la historia política. En sus reflexiones sobre la mentira en política, Hannah Arendt consigna:

> El secreto —aquello que diplomáticamente se llama "discreción" al igual que los *arcana imperii*, los misterios del gobierno— y el engaño, la deliberada falsedad y la mentira abierta usados como medios legítimos para lograr objetivos políticos, han estado con nosotros desde el inicio de la historia registrada. (Arendt, 1997: 4)

   La vida pública de las palabras

Lo instructivo en este caso es que, más allá de la ceñida relación identificada entre estos términos, Arendt preserva la distinción conceptual entre el secreto y el engaño, al tiempo que explicita diferentes formas de secreto, aludidas con los términos discreción, arcano y misterio. Una vía de profundización en la cuestión del secreto es, precisamente, la de proceder analíticamente, distinguiendo sus diversas modalidades o configuraciones. Mientas sigamos tratando al secreto como un fenómeno masivo y compacto, quedaremos confinados a un estadio externo, presto a extrapolaciones superficiales y a reacciones moralizantes.

En esta vía de indagación analítica no abundan precursores. Si bien pueden reconocerse los recientes esfuerzos de Eva Horn, Pierre Rosanvallon y Laurence Quill en la materia, ha sido Michel Sénellart quien abordó la cuestión del secreto político de manera más analítica, a un tiempo panorámica y profunda. En línea con los desarrollos de Michel Foucault sobre la gubernamentalidad, Sénellart publicó en 1995 el libro *Las artes de gobernar.* Allí se propuso contribuir a una genealogía del Estado moderno a partir de la observación de las transformaciones en la reflexión sobre el arte de gobierno. En este marco, Sénellart ofrece una tipología de los secretos políticos, integrada por tres términos (Sénellart, 1995: 249-259).

El primer tipo de secretos viene definido por la noción de misterio, presente en las doctrinas tardomedievales relativas al carácter mágico-religioso de la autoridad. En este marco, se despliegan reflexiones de impronta teológica sobre el carácter inescrutable del poder monárquico.

El segundo tipo de secretos remite a la noción de arcano, desplegada en las doctrinas de la razón de Estado en la primera modernidad. En este caso, se trata de reflexiones que apuntan a la dimensión técnica del ejercicio del poder, intentando elaborar los secretos del arte gubernamental.

El tercer tipo de secretos remite a nociones como estratagema o maquinación; y da cuenta de las astucias y engaños que definen el juego político entre partidos y facciones. Esta acepción de secreto, presente en la literatura ilustrada, encontrará su contrapunto en la exigencia de publicidad como clave de la legitimidad republicana.

Partiendo de la estructura provista por Sénellart, abordaremos seguidamente estas diversas configuraciones del secreto político. En línea con el método estratégico elaborado por Foucault, interesa aproximarnos las diferentes formas que el secreto adquiere a lo largo de la historia, pero no como una sucesión de etapas discretas (baja edad media, temprana modernidad, Ilustración), en la que cada bloque desplaza al anterior y lo confina al pasado (Horn, 2012: 105), sino como tres conjuntos de prácticas heterogéneas que pueden coexistir y solaparse (Foucault, 2004a: 44). Este abordaje nos permitirá reconstruir la densidad histórica de la reflexión política sobre los secretos, manteniendo una viva preocupación por nuestra actualidad.

— 4 —
Misterio

En 1953, el historiador Ernst Kantorowicz dio a conocer un ensayo sobre los secretos políticos. Allí se ocupa de identificar el origen religioso y, en particular, el "sabor cristiano" del concepto absolutista de secretos de Estado. Ilustra su punto recordando que, a inicios del siglo XVII, el monarca inglés Jacobo I se refería a la prerrogativa real en términos de "la reverencia mística que pertenece a quienes se sientan en el trono de Dios". En el decir del monarca, "es ateo y constituye una blasfemia discutir lo que puede hacer Dios... Del mismo modo, es presunción y gran desdén en un súbdito discutir lo que puede hacer un rey" (Kantorowicz, 1959: 37, 41-42). Con esto Kantorowicz da cuenta de una de las manifestaciones más resonantes de los secretos de Estado. Se trata de aquel halo místico y cultual, entre mágico y religioso, que rodea a la autoridad política y se manifiesta en insignias y ceremonias. Se trata de una concepción mística de la prerrogativa real, que el súbdito no puede conocer ni debe indagar. Imposibilidad cognoscitiva y piadosa humildad se combinan para cerrar las puertas del secreto así comprendido (Bobbio, 2013: 71; Han, 2013: 25; Horn, 2012: 108; Sénellart, 1995: 249). De este modo, la primera manifestación de los secretos políticos remite al ámbito religioso. Kantorowicz incluso sugiere que "secretos de Estado" y "teología política" pueden tenerse por sinónimos (Kantorowicz, 1959: 39).

Más adelante, Kantorowicz integrará estas reflexiones a su estudio sobre la doctrina tardomedieval de los dos cuerpos del rey. Esta doctrina identifica en el monarca la coincidencia de un cuerpo natural (sometido al paso del tiempo, las dolencias y la muerte) y un cuerpo político (intangible e inmortal, que coincide con el cuerpo del gobierno). Mientras el cuerpo natural del monarca puede perecer, el cuerpo inmortal del gobierno se desplaza de un sucesor a otro. En esta doctrina de un cuerpo mortal que aloja un cuerpo místico, Kantorowicz señala el componente cristológico activo en el derecho público inglés de la baja edad media (Kantorowicz, 1985: 19-34).

Recientemente, Fabián Ludueña Romandini contribuyó a profundizar la vinculación de los secretos de Estado con la cristología. Recordando las ocasiones en que Jesús recurría a la disimulación, sostiene que "todo 'secreto de Estado' tiene su raíz teológica en el complejo juego por medio del cual el Ungido se mueve a la vez entre el carácter público de la revelación gloriosa y el secreto de su verdadero poder" (Ludueña Romandini, 2010: 133).

También Giorgio Agamben ha retomado la noción de misterio, para asociarla a la teología económica, esto es, la tratadística teológica sobre el ser trino de Dios y su gobierno del mundo. En este marco, Agamben provee una genealogía del misterio político que tiene uno de sus episodios más sugerentes en los tratados relativos al funcionariado de los ángeles. Para Agamben, la angeología constituye un antecedente de las reflexiones sobre la administración burocrática. Es que los ángeles participan de la gloria de Dios al tiempo que reciben encargos con los que contribuyen al gobierno divino del mundo. Agamben subraya entonces la profunda imbricación teológica entre las reflexiones en torno a la gloria misteriosa de Dios y al gobierno ministerial del mundo. Aquí, las nociones de "misterio" y "ministerio" se confunden hasta resultar indiscernibles. Sobre este antecedente teológico, resalta Agamben la importancia que, para la política occidental, tiene la gloria, entendida como aquella "zona incierta en la que se mueven aclamaciones, ceremonias, liturgia e insignias" (Agamben, 2008: 95, 265, 331).

Al asumir estas largas parábolas históricas, no se debe perder de vista la profunda innovación implicada en la traducción política de estos conceptos teológicos. Es que, al tomar en préstamo los conceptos teológicos, los monarcas de la baja edad media procedían a una usurpación o profanación de lo espiritual mucho más que a una piadosa subordinación a la autoridad eclesiástica. Roberto Esposito sugiere que los episodios de mayor despliegue de la teología política coinciden con los momentos de distanciamiento entre el poder secular y la autoridad espiritual. A distancia de la hipótesis weberiana de la desmagificación, la secularización se define como un proceso inédito de espiritualización del poder político (Esposito, 2013: 56-

57). El caso de los reyes taumaturgos estudiado por Marc Bloch ilustra cabalmente este proceso: la atribución de poderes curativos a los reyes de Francia e Inglaterra comienza en el siglo XI, en coincidencia con la querella de las investiduras (Bloch, 2006: 93 y ss.), es decir, en el marco de las primeras manifestaciones de la secularización (Böckenförde, 2013: 94). Bloch documenta que la práctica real de curación de escrófulas mediante la imposición de manos así como la curación de la epilepsia mediante anillos manipulados por el rey sobrevivirán a las guerras de religión e incluso a las revoluciones, continuando hasta bien entrado el siglo XIX (Bloch, 2006: 475 y ss.).

Es entonces en el marco de la secularización que surge una problematización sistemática sobre el carácter misterioso del poder político. En un contexto de conmoción del orden medieval, la legitimidad del poder monárquico resulta galvanizada por la postulación de una dimensión mística de la autoridad, tomada en préstamo de la organización eclesiástica. Estas consideraciones pueden resultar en un principio extrañas a la dinámica política contemporánea. Ahora bien, la cuestión teológica de los misterios del poder comienza a volverse más familiar si recordamos, de la mano del historiador Rudolf Sohm, que la organización de la Iglesia cristiana se funda en el don de la gracia conferido por el Espíritu Santo, don que adquiere el nombre de carisma (Sohm, 1923: 26-28). Resulta entonces de una actualidad innegable afirmar que uno de los secretos más inefables de la política es el del fenómeno del carisma: aquel atributo difícilmente objetivable que traba entre dirigidos y dirigente una relación de confianza y entrega. El misterio de la política deriva entonces del carácter en definitiva inefable que informa el vínculo de la representación. En esta línea, sostiene Agamben:

> La función de las aclamaciones y la Gloria, en la forma moderna de la opinión pública y del consenso, está todavía en el centro de los dispositivos políticos de las democracias contemporáneas. Si los *media* son tan importantes en las democracias modernas no se debe, en efecto, sólo a que ellos permiten el control y el gobierno de la opinión pública, sino también y sobre todo a que administran y otorgan la Gloria, aquel aspecto aclamativo y doxológico del poder que en la modernidad parecía haber desaparecido. (Agamben, 2008: 13)

Los designios en virtud de los cuales ciertos líderes reciben la gracia del pueblo y concitan la adhesión carismática siguen resultando hoy día un misterio. Los intentos contemporáneos de develar este misterio, traduciéndolo en asesoría de imagen y mercadotecnia, se ven recurrentemente frustrados por una opinión pública renuente a avenirse a las previsiones de los especialistas y las certidumbres de los sondeos. Es sugerente que, en su célebre impugnación de las encuestas de opinión, Pierre Bourdieu haya comparado el carácter elusivo de la opinión pública con la inescrutabilidad de los designios de Dios. Sostiene Bourdieu que el poder político se ha apoyado siempre en repertorios secretos: "el equivalente de 'Dios está de nuestra parte' es hoy en día 'la opinión pública está de nuestra parte'" (Bourdieu, 2000: 222-223). Puede que la precariedad epistemológica de los estudios de opinión se explique en el carácter misterioso de su objeto.

— 5 —

Arcano

En 1566, Jean Bodin da a conocer su *Método para la fácil comprensión de la historia*. Una década antes de la publicación de sus libros sobre la república, Bodin siente la necesidad de contribuir a la comprensión de los Estados y de los cambios que estos atraviesan. Tras ponderar el legado de los filósofos e historiadores de la antigüedad, lamenta Bodin que esa tradición fuera discontinuada por mil doscientos años de barbarie. Si bien señala que Maquiavelo fue el primero en restaurar la reflexión sobre el gobierno, lo cierto es que Bodin no deja de añorar un abordaje más sistemático sobre los cambios políticos y, en particular, sobre aquellos dispositivos en condiciones de capearlos. Con esto refiere a aquellas previsiones políticas que Aristóteles llamaba "*sophismata*" y Tácito, "*arcana imperii*" (Bodin, 1969: 154-155). Apelando a la autoridad de la tradición clásica, Bodin pretende aplacar las sospechas de maquiavelismo, despejando el camino para una reflexión sobre las técnicas de gobierno. En particular, el renovado interés que la primera modernidad manifiesta por la obra de Tácito abrirá un rico campo de reflexiones sobre los arcanos del poder. Con la noción de *arcana imperii*, Tácito refería a aquellos arreglos institucionales de la Roma imperial que debían permanecer en secreto para la estabilidad del imperio (Tácito, 1979: 149-150; 2015: 5). La rehabilitación bodiniana de la noción romana de *arcanum* (esto es, de aquello que debe ser preservado en un arca o cofre) conectará entonces con las exigencias de la novedosa doctrina de la Razón de Estado.

Un siglo más tarde, Daniel Priezac, consejero del Estado francés, escribe un texto sobre los arcanos del poder, que tiene el mérito de reproducir varios de los argumentos circulantes en torno al tema. Allí Priezac define la Razón de Estado como el "conocimiento de los medios apropiados para fundar un Estado, conservarlo en su forma primera y lograr nuevos crecimientos en grandeza, dignidad y reputación" (Priezac, 1666: 205). Curiosamente, ese texto lleva por título "De los secretos de la dominación o de la Razón de Estado". Al tomar ambos términos como equivalentes, Priezac refleja el estado del arte de su época sobre los secretos políticos, identificados con aquellas máximas del obrar político que garantizan la fundación, conservación y fortalecimiento de los Estados. Argumenta Priezac que, si la jurisprudencia, la matemática, la guerra o la pintura tienen sus propios secretos del oficio, no debería resultar llamativo que la política también tenga los suyos. Así, se recupera un postulado de amplia circulación en la tratadística de la época, que afirma la autonomía de la técnica política respecto de la moral y la religión (Schmitt, 2007: 45).

Estas máximas del buen obrar político reciben su tratamiento más sistemático en la obra del alemán Arnold Clapmar, *De arcani rerum publicarum*, editada en 1605. Allí, se distinguen dos tipos de secretos, los *arcana imperii* y los *arcana dominationis*. Los primeros apuntan a la defensa del Estado y la preservación del régimen político; los segundos, a la protección personal de los gobernantes. Siendo que los tipos de régimen son tres (monarquía, aristocracia y democracia), los *arcana imperii* dependen del tipo de régimen que se busque preservar y de la parte de la ciudad de la que provengan las amenazas. Por ejemplo, a efectos de conservar un régimen monárquico, es necesario conjurar las amenazas provenientes de los grandes tanto como las del pueblo. Para ello, conviene por un lado evitar aquellas decisiones que produzcan la humillación de los nobles tanto como impedir que cualquiera de ellos gane demasiada reputación y notoriedad. De igual modo, debe evitarse que el pueblo experimente la servidumbre, convocándolo por ejemplo a participar en instancias no vinculantes (Donaldson, 1988: 128 y ss.; Senellart, 1995: 259-261; Schmitt, 2007: 46-49).

Estas reglas del buen obrar político adquieren una configuración especialmente dramática en aquellas situaciones en las que la exis-

   La vida pública de las palabras

tencia del Estado se encuentra bajo amenaza. En casos de extrema necesidad, las máximas de Estado indican que la preservación del bien común no puede ser entorpecida por las leyes. Gabriel Naudé postula que, en estos casos, la necesidad de defenderse justifica un obrar repentino, severo e incluso cruel. A esta máxima del obrar político en casos de extrema necesidad refiere Naudé cuando habla de "golpes de Estado" (Naudé, 1964: 112; Meinecke, 1997: 201).

En su justificación de la necesidad de suspender el derecho en casos de ingente amenaza, Naudé argumenta que "es lícito ser zorro con el zorro" (Naudé, 1964: 126). Este recurso a la fuerza de las bestias tiene por antecedente ostensible la obra de Maquiavelo. Tal como se ocupa en demostrarlo Donaldson, la incidencia de Maquiavelo en los tratados sobre los arcanos resulta difícilmente ocultable. Sin embargo, los tratadistas se empeñan en distinguir los secretos de Estado respecto de los consejos maquiavélicos, que son tenidos como meros expedientes de la tiranía y confinados en la llamada "*cattiva ragione di Stato*" (Donaldson, 1988: 121). Así y todo, estos tratadistas experimentan no pocas dificultades al momento de distinguir las máximas legítimas de los excesos tiránicos. Es que, en definitiva, los secretos de Estado remiten a un saber práctico, que pertenece al dominio de la prudencia y que, por ende, resulta renuente a toda sistematización racional (Naudé, 1964: 83; Priezac, 1666: 242). Siglos más tarde, Schmitt seguirá señalando la imposibilidad de determinar normativamente cuándo se está ante un *extremus necessitas cassus* y qué medidas pueden resultar necesarias para conjurarlo (Schmitt, 2001: 23-24).

Resulta paradójico que el principal proponente contemporáneo de la teología política no haya visto en los *arcana imperii* más que una pura racionalidad técnica, carente de todo componente religioso. Precisamente, Schmitt inscribe los secretos de Estado al interior de una técnica política que emerge con el agotamiento de la teología. Sostiene Schmitt que "el concepto de *arcanum* político y diplomático, incluso donde significa secretos de Estado, no tiene ni más ni menos de místico que el concepto moderno de secreto industrial y secreto comercial" (Schmitt, 2007: 45). Esta interpretación ha sido resistida por Kantorowicz (1959: 41), Donaldson (1988: x) y Agamben (2007: 199), aduciendo que los *arcana imperii* de la temprana modernidad deben inscribirse al interior de una concepción teológica general. Ambas comprensiones del secreto (la técnica y la teológica) corren el riesgo de resultar igualmente unilaterales. En el caso de Schmitt, su énfasis en la naturaleza técnica de los secretos de Estado le permite abordar cabalmente los *arcana imperii*, pero con ello se pierde de vista la dimensión mágico-religiosa del poder, presente en la liturgia y el ceremonial. En el caso de los proponentes de la comprensión teológica, el esfuerzo por reducir los *arcana imperii* a un expediente del dispositivo teológico obliga a ignorar la deuda explícita que los tratadistas de los secretos de Estado reconocen respecto de la antigüedad griega y romana y, en particular, respecto de Tácito. Es cierto que muchos los *arcana imperii* abordan cuestiones teológicas, pero aquí la religión se ha vuelto un instrumento más a disposición de la técnica política. En esta línea, serán recurrentes las máximas que sugieran granjearse el apoyo popular simulando tener contacto con los dioses o poseer dones sagrados (Maquiavelo, 2004: 88-201; Priezac, 1666: 212; Naudé, 1964: 161, 195). En todo caso, el mejor modo de superar esta doble unilateralidad es el de asumir la heterogeneidad entre la racionalidad teológica de los misterios y la racionalidad técnica de los arcanos, evitando la tentación de reducir una a la otra y explorando más bien sus enlazamientos contingentes.

De admitir esta heterogeneidad, debemos asumir que "hablar de los *arcana* no es entonces perpetuar una visión teológica del poder, sino al contrario volver a la problemática antigua de la ciencia del gobierno, reprimida por siglos de teología" (Sénellart, 1995: 248). No solo Tácito da testimonio de esta problemática antigua. Leo Strauss da cuenta de que el problema del secreto está igualmente presente en las obras de Platón y Aristóteles. En la restitución straussiana, la ciudad justa no solo debe responder a las exigencias de la justicia, sino que también debe responder a las exigencias derivadas de ser una ciudad. La necesidad de proteger la ciudad ante adversarios y enemigos define lo que Strauss llama "moralidad ciudadana" y exige, entre otras cosas, que la república cuente con guardianes que, al modo de los perros, sepan distinguir amigos de enemigos (Strauss, 2013: 192-193). En su reposición del derecho natural aristotélico, afirma Strauss:

> Una sociedad decente no irá a la guerra sin justa causa. Pero lo que haga durante la guerra dependerá en cierta medida de lo que el enemigo la obligue a hacer; y es posible que se trate de un enemigo absolutamente inescrupuloso y salvaje. Los límites no pueden definirse por adelantado, no pueden asignarse límites a represalias que podrían volverse justas. Pero la guerra proyecta su sombra

   La vida pública de las palabras

sobre la paz. La ciudad más justa no puede sobrevivir sin "inteligencia", esto es, sin espionaje. El espionaje es imposible sin la suspensión de ciertas reglas de derecho natural. Pero las sociedades no solo son amenazadas desde fuera. Las consideraciones aplicables a los enemigos extranjeros bien podrían aplicarse a los elementos subversivos al interior de la sociedad. (Strauss, 2013: 202)

En su restitución del derecho natural clásico, Strauss no se priva de enfatizar la actualidad de las reflexiones premodernas. Apenas si es necesario mencionar que estos fragmentos straussianos fueron publicados durante la Guerra Fría. La legitimidad del espionaje constituye un problema que antecede en mucho al siglo XX y que proyecta su sombra hasta nuestra actualidad. Horn afirma que las tareas de recolección, acopio y análisis de información secreta constituyen una práctica tan antigua como la guerra. Esta "ciencia del enemigo" puede rastrearse ya en las enseñanzas de Sun Tzu sobre el arte bélico (Horn, 2003: 63). Sin ir tan lejos, digamos que, en la temprana modernidad, la emergencia del orden interestatal dará lugar a una sistematización del acopio de información política, económica y militar, que recibirá el nombre de "estadística" (Foucault, 2004b: 281). La necesidad del celoso resguardo de esta información, tanto como la de obtener información sobre otros Estados, renovará el interés por las técnicas de escritura secreta. Sénellart cuenta entonces que, desde mediados del siglo XVII, el oficio de secretario aludirá al manejo de la técnica de escritura cifrada. El secretario es precisamente aquel capaz de cifrar y descifrar los secretos de Estado (Sénellart, 1995: 255). Ahora bien, según informa Sergio Bova, el primer servicio secreto propiamente moderno es organizado por Napoleón, mientras que la mayoría de las restantes agencias nacionales de inteligencias se conformarán durante las guerras mundiales. Estas agencias estarán encargadas tanto de recopilar información política, militar y económica sobre otros Estados, como de impedir la actividad de espionaje extranjera en el territorio nacional (Bova, 1998: 1442-3). Si, durante la postguerra, los servicios de inteligencia del bloque occidental se concentrarán en conjurar la amenaza comunista, con el fin de la Guerra Fría, se orientarán a prevenir nuevas amenazas globales, identificadas con los delitos complejos, el terrorismo y los atentados contra el orden constitucional (Horn, 2003: 70 y ss.).

Bobbio señala que este poder invisible resulta en el mejor de los casos un mal necesario: "Nadie osa poner en tela de juicio la compatibilidad del Estado democrático con la utilización de servicios secretos" pero "la opacidad del poder es la negación de la democracia" (Bobbio, 2013: 32). Precisamente, el cono de sombra en que se mueven los servicios de inteligencia ha favorecido la persecución política e ideológica, la comisión de diversos delitos e incluso la violación de derechos elementales (Sagar, 2013: 36-50). De allí que conserve actualidad la clásica pregunta de *"quit custodiet custodes"* (Bobbio, 1995: 101).

— **6** —
Estratagema

En 1795, Immanuel Kant publica sus célebres reflexiones sobre la paz perpetua. Allí argumenta que una paz definitiva entre los pueblos exigiría una confederación planetaria de Estados republicanos que respeten el derecho de la hospitalidad. Dicho esto, Kant se ve en la necesidad de contrarrestar los argumentos que relativizan la factibilidad de sus postulados, sosteniendo la divergencia entre máximas políticas y deberes morales. Tras rechazar lo que él considera sofismas políticos (*"fac et excusa"*; *"si fecisti, nega"*; *"divide et impera"*), Kant dedica el último apéndice de su ensayo a argumentar en favor de la armonía entre política y moral. Concretamente, la fórmula de derecho público acorde con una política moral sostiene: "Las acciones referentes al derecho de otros hombres, cuya máxima no admite publicidad, son injustas" (Kant, 2008: 197). Así, toda máxima del actuar político que deba mantenerse en secreto para resultar eficaz resulta lesiva de la justicia. Con esta exigencia, se alcanza uno de los puntos más elevados de la Ilustración política, para la cual toda disposición secreta equivale a una estratagema injusta. Kant realiza entonces una contribución decisiva a un modo de comprender los secretos políticos desde una perspectiva que pone en el centro criterios morales. Desde este punto de mira, los secretos políticos no son misterios del poder ni máximas del obrar prudente, sino maquinaciones que permiten avanzar intenciones injustas resguardadas de toda publicidad.

Rosanvallon da cuenta de un movimiento propio de la modernidad, consistente en la expansión de este criterio de publicidad como clave de legitimidad republicana. Sobre la base de la reconstrucción provista por Rosanvallon, es posible identificar tres etapas históricas, definidas por la progresiva expansión de los alcances de la publicidad (Rosanvallon, 2015: 196-221).

La primera de ellas está vinculada al control parlamentario de las decisiones del monarca, lo que implica el acceso a la información pública de parte de los legisladores. Sin perder de vista la importancia del movimiento parlamentario inglés, Rosanvallon se detiene en las innovaciones administrativas introducidas en el siglo XVIII por Jackes Necker, ministro de Luis XVI. Entre ellas, destaca la publicación del presupuesto del Estado y de la situación de la deuda pública (Rosanvallon, 2015: 199-200). Esta innovación debe inscribirse en el interior de una presión sistemática de parte de los representantes estamentales por acceder a la información sobre el gobierno. Ahora bien, la primera etapa de este movimiento de publicidad debe remontarse a los escritos de los monarcómacos de fines del siglo XVI y comienzos del XVII (Schmitt, 2007: 50; 2008: 77-88). Estos escritos sostienen que el monarca ocupa su cargo en virtud de un pacto con los estamentos. Los representantes estamentales se reservan el poder legislativo, mientras que el rey se encarga de la ejecución de las leyes. Ahora bien, en la ejecución de las leyes, el rey debe someterse a la supervisión y consejo de parte del legislativo. La inobservancia de estos términos convierte al monarca en un tirano y justifica incluso la resistencia violenta. Para Johannes Althusius, por caso, el magistrado supremo es solo un administrador designado por el pueblo a través del eforato. Si bien Althusius recupera las máximas de discreción política de la época, sostiene que las decisiones del rey deben someterse al eforato, que tiene el deber de aconsejar, advertir, corregir y aprobar sus disposiciones (Althusius, 1990: 208-210, 227, 356-359). En la misma línea discurren las *Vindiciae contra tyrannos*, que incluso asignan al Senado la potestad de declarar la guerra y concluir tratados con potencias extranjeras (Brutus, 2008: 91-97). Fuera de literatura monarcómaca, pero no por ello carente de vehemencia, Spinoza sostendría tiempo más tarde que el secreto de Estado constituye la excusa con que los déspotas conducen a sus ciudadanos a la esclavitud:

> Es preferible que el enemigo conozca los designios honestos de un honesto, a que permanezcan ocultos para los ciudadanos los malos designios de un déspota (...) Los que pueden tratar secre-

tamente los asuntos de un Estado lo tienen absolutamente en su poder, y en tiempos de paz tienden celadas a los ciudadanos como las tienden al enemigo en tiempos de guerra. (Spinoza, 2004: 88)

A contrapelo del postulado spinoziano, este fuerte impulso al conocimiento parlamentario de los asuntos de Estado se detendrá ante las cuestiones relativas al *ius belli*. Las advertencias de Thomas Hobbes respecto del peligro que implica ventilar asuntos de política exterior en grandes asambleas serán repetidas con frecuencia en teoría política moderna (Hobbes, 1993: 96-97; Bentham, 2002: 89; Constant 1970: 81; Tocqueville, 2000: 219). Resultan especialmente significativas en esta línea las advertencias de John Jay respecto de la necesidad de llevar las negociaciones de tratados con "un *sigilo* perfecto y una *diligencia* muy grande" (Jay, 2012: 274). Para el federalista, solo corresponde informar al Senado y solicitar su aprobación una vez concluidas las negociaciones.

Iguales reservas respecto de la "diplomacia parlamentaria" trasmitió Max Weber hacia fines de la Gran Guerra. En sus escritos políticos, asevera que "la publicidad de la administración impuesta por el control efectivo por parte del parlamento es lo que hay que postular como condición previa de toda labor parlamentaria fructífera y de toda educación política". Sin embargo, este postulado debe someterse a razonables limitaciones. En este sentido, relata que el experimento alemán de erigir una comisión parlamentaria que entendiera sobre asuntos de guerra generó efectos profundamente nocivos: "Que cientos de personas estuvieran al tanto de asuntos militares y diplomáticos confidenciales (por ejemplo, el problema de la guerra submarina) fue un mal peligroso. Como consecuencia tal información se filtró hasta la prensa" (Weber, 1984: 110).

En suma, la visibilidad de los actos de gobierno ante los ojos del parlamento constituye uno de los principios de publicidad orientado a reducir los secretos políticos al mínimo indispensable. La mayoría de quienes avanzan esta exigencia sostiene que solo las cuestiones relativas a la política exterior pueden legítimamente sustraerse del escrutinio parlamentario.

La segunda manifestación de este acorralamiento contemporáneo del secreto consiste en la publicidad de las sesiones parlamentarias. En esta línea, Rosanvallon se apoya en las reflexiones redactadas por Jeremy Bentham en 1791 sobre las tácticas parlamentarias. Si bien reconoce que pueden existir materias sensibles que requieran discreción, Bentham considera que estas cuestiones excepcionales no deberían impedir el conocimiento público de los debates legislativos. Justifica su propuesta sosteniendo que la publicidad de las sesiones parlamentarias permite contener a los legisladores dentro de sus obligaciones, evita que la opacidad concite la desconfianza del pueblo, instruye a los ciudadanos para ser mejores electores y permite también que los aquellos especializados en diversas temáticas puedan brindar información de primera mano sobre las cuestiones bajo análisis. Agrega Bentham que las sesiones legislativas muchas veces constituyen verdaderas piezas teatrales, que pueden proveer entretenimiento y diversión al público (Bentham, 2002: 83-90). Si bien la publicidad de la actividad parlamentaria está hoy ampliamente reconocida, se admite excepcionalmente la posibilidad de celebrar reuniones de comisión y sesiones secretas (Bobbio, 2013: 58).

Finalmente, la tercera etapa de este progreso en la publicidad consiste en la posibilidad de los ciudadanos de tomar conocimiento por sí mismos del funcionamiento de las instituciones públicas. Si el primer movimiento consiste en abrir el gobierno al parlamento y el segundo, en abrir el parlamento a la opinión pública, esta tercera etapa apunta a abrir el gobierno a la opinión pública, sin la intermediación del parlamento. El antecedente más resonante en este sentido es provisto por Benjamin Constant en 1815, al impugnar la inmunidad de los ministros. Constant denuncia los intentos de los funcionarios de gobierno de eludir su responsabilidad pretextando supuestos secretos de Estado. Al respecto, ejemplifica: "Cuando un ministro ha hecho prender y encarcelar ilegalmente a un ciudadano, es natural que sus defensores atribuyan tal atentado a razones secretas que sólo el ministro conoce y que no puede revelar sin comprometer la seguridad pública" (Constant, 1970: 76). Ante esto, sostiene que, por más que se apele a supuestas exigencias de la seguridad pública, lo cierto es que solo hay seguridad pública cuando se respetan las garantías individuales. De este modo, los secretos de Estado quedan caracterizados como un lastre de sistemas arbitrarios que deben ser superados.

En la misma línea, François Guizot sugiere que la publicidad constituye la característica más esencial de un gobierno representativo. Si el gobierno representativo tiene por principio la búsqueda de la razón, la verdad y la justicia, no hay mejor forma de prevenir el error y el abuso que sometiendo las deliberaciones del gobierno al escrutinio popular. En 1861, Guizot postula que la publicidad tiene por objetivo convocar a ciudadanos y funcionarios por igual a buscar la razón y la justicia, que son fuente y regla de la soberanía legítima. Concluye Guizot que "de publicidad está hecho el vínculo de una sociedad con su gobierno" (Guizot, 2002: 69).

Ahora bien, las estratagemas que se cultivan a espaldas del público no son privativas de los primeros mandatarios y sus ministros. Entrado el siglo XX, Weber señala los peligros del poder de las burocracias, indicando que "la mayor fuerza del funcionariado consiste en convertir el saber relativo a su servicio en un saber secreto, por medio del concepto de secreto profesional" (Weber, 1984: 106-7). Al retener información del servicio público bajo la excusa de constituir secretos profesionales, las burocracias logran amplificar su poder en detrimento de las dirigencias tanto como de los ciudadanos. Desde esta perspectiva, se acusa el riesgo de una "reaparición de los *arcana imperii* bajo la forma del gobierno de los técnicos o tecnocracia" (Bobbio, 1997: 104).

En suma, la equivalencia entre secreto y estratagema motiva una creciente exigencia de publicidad, que implica transparentar los actos de gobierno, la actividad legislativa y la información a disposición de las burocracias. En esta línea se inscribe la agenda contemporánea de gobierno abierto y acceso a la información pública, favorecida hoy por las nuevas tecnologías de información y comunicación (Rosanvallon, 2015: 224).

— 7 —
Discreción

En sus investigaciones sociológicas, postula Simmel que el secreto puede afectar el ser, el tener o el hacer (Simmel, 1908: 282). No es seguro que Sénellart conociera esta tripartición simmeliana cuando, un siglo más tarde, propuso distinguir tres modalidades esenciales del secreto, "respectivamente del orden del ser, del tener y del hacer: el secreto como *cualidad* de quien actúa, como *saber* necesario para la acción y como *condición* de su éxito" (Sénellart, 2003: 48). Precisamente, las consideraciones que venimos de presentar pueden identificarse con estas modalidades.

El misterio, modalidad teológica del secreto, consiste en aquellos atributos inefables que hacen al ser de la autoridad. El arcano, modalidad técnica del secreto, apunta a aquellos conocimientos que deben tenerse a resguardo del gran número. Finalmente, la estratagema, variante inmoral del secreto, consiste en aquellas acciones que garantizan su éxito sustrayéndose de la publicidad. Horn recupera también esta tripartición, para inscribirla en una serie de "culturas del secreto" que se suceden cronológicamente, cada una en reemplazo de la anterior (Horn, 2012: 110-112). El esfuerzo que venimos de desplegar estuvo orientado a explorar estas tres modalidades intentando mostrar cómo, lejos de abolirse unas a otras, las tres persisten en su heterogeneidad hasta el presente. Para concluir, reflexionaremos más de cerca sobre la actualidad de cada una de estas modalidades.

A primera vista, sostener que los secretos políticos contemporáneos son tributarios de una dimensión teológica resulta poco convincente. Sin embargo, nuestra reposición de los atributos misteriosos de la autoridad gana plena actualidad en cuanto pensamos en el fenómeno del liderazgo carismático y en el singular magnetismo que ciertos representantes concitan. Este misterio ha intentado ser develado mediante los estudios de opinión y la aplicación de la mercadotecnia a las campañas electorales. Sin embargo, la capacidad de los sondeos de prever los resultados electorales ha sido sistemáticamente puesta en duda. La decisión británica de salirse de la Unión Europea y el triunfo electoral de Donald Trump renovaron la desconfianza en la promesa de los estudios de opinión de despejar los misterios de la política.

Hay quienes sostienen, sin embargo, que allí donde las encuestas de opinión fallaron, lo que triunfó fue la mercadotecnia. En este sentido, se argumenta que las opciones ganadoras son aquellas que saben servirse de técnicas sofisticadas de relevamiento de preferencias, que permiten adaptar la comunicación política a las variaciones en la opinión. A los ya rudimentarios *focus groups* se sumaron recientemente las estrategias basadas en el *big data*, esto es, en los enormes volúmenes de información personal que son registrados electrónicamente a partir de las búsquedas en internet, las compras con tarjeta, los registros del GPS del celular, etcétera. Según relatan Grassegger y Krogerus (2017), esta información es procesada en base a técnicas psicométricas, que permiten establecer perfiles psicológicos individuales y generar avisos de campaña adecuados a cada destinatario. De este modo, la definición de perfiles demográficos genéricos es reemplazada por el establecimiento psicométrico del perfil de cada elector, generando una verdadera microfísica de la comunicación política. El *big data* promete así despejar de manera definitiva el misterio de la representación política, dando con la fórmula telemática de producción de carisma. Queda ver si estas promesas alcanzan cumplimiento. Por lo pronto, quienes explican que Trump ganó las elecciones gracias al empleo del *big data* encuentran dificultades para explicar el porqué de la derrota de su adversaria, siendo que ella también recurrió a igual método. Pareciera que el gigantesco panóptico que nos es contemporáneo, inédito en su escala y penetración, no termina de echar luz sobre aquel cono de sombra que constituye el misterio de la política.

Este misterioso velo de la autoridad intenta ser descorrido por otros medios. Precisamente, muchos esfuerzos de los medios masivos se orientan a exponer detalles de la intimidad de los mandatarios. Embanderados en un supuesto espíritu republicano, que se propone mostrar al poder desnudo, cierta prensa cultiva la obsesión respecto de la intimidad de los hombres y mujeres de Estado, como si procuraran encontrar en el cuerpo natural de la autoridad el secreto del cuerpo político. Uno de los casos más resonantes tuvo lugar el día posterior a la muerte de Ricardo Balbín, cuando la revista *Gente* publicó una fotografía que lo mostraba inconsciente, entubado y postrado en la cama del hospital. El posterior fallo condenatorio de la Corte Suprema logró aplacar solo en parte la truculencia mediática disfrazada de republicanismo: no más recordar las especulaciones respecto del funeral de Néstor Kirchner o las recurrentes insinuaciones de la revista *Noticias* respecto de la intimidad de su sucesora. La legítima preocupación republicana por evitar estratagemas difícilmente justifique la exhibición morbosa del cuerpo natural del poder.

Si el misterio del poder conserva su actualidad, otro tanto puede decirse sobre los arcanos. Es cierto que las democracias contemporáneas han expandido el principio de publicidad a los ámbitos más variados de la vida política. Sin embargo, las cuestiones de seguridad nacional siguen justificando la existencia de servicios secretos. Siguiendo a Gilles Deleuze y Felix Guattari, Horn caracteriza a los aparatos de inteligencia como máquinas de guerra incrustadas en el interior de la máquina estatal (Horn, 2003: 65). El problema, naturalmente, consiste en el establecimiento de los límites legítimos de su accionar. En el caso de los servicios de inteligencia argentinos, las tareas de persecución política e ideológica estuvieron presentes desde su misma creación. Bajo el posterior influjo de la doctrina de

　　　　La vida pública de las palabras

seguridad nacional, se explicitaría la afectación de estos aparatos "a materias de comunismo y otros extremismos" (Decreto 2985/1961) anticipando el luctuoso protagonismo que la secretaría de inteligencia asumiría durante la represión ilegal de los años setenta. Ya en democracia, se establecerá la distinción entre asuntos de seguridad interna y defensa exterior. En este marco, se adoptará una agenda de nuevas amenazas, identificadas con delitos complejos como el narcotráfico, con el terrorismo y con los atentados contra el orden constitucional (Boimvaser, 2000; CELS, 2016; Young, 2006). Progresivas delimitaciones y precisiones no han logrado impedir que la secretaría de inteligencia se dedicara a la persecución política e ideológica, la extorsión de adversarios, el encubrimiento de crímenes y el pago de sobornos. El CELS consigna que "los gobiernos democráticos pueden beneficiarse de este esquema en el corto plazo, pero luego pierden la capacidad de manejar las estructuras de seguridad e inteligencia y de impedir que estas adquieran autonomía" (CELS, 2016: 167). Durante el año 2016, el reestablecimiento de los fondos reservados y la delegación de las escuchas telefónicas a la Agencia Federal de Inteligencia dan cuenta de que el problema de los arcanos y, en particular, la pregunta de quién custodia a los custodios conservan ingente actualidad.

Rahul Sagar aborda esta pregunta, presentando las alternativas de control disponibles (ejecutivo, legislativo, judicial y mediático) y evaluando sus problemas respectivos. Si el control por el ejecutivo puede dar lugar a la instrumentalización política del aparato de inteligencia, el control parlamentario presenta el inconveniente de la propensión a las filtraciones, debido tanto a la dinámica agonal del juego interpartidario como a la posibilidad de indisciplina al interior de cada bloque. Por su parte, el poder judicial carece de entrenamiento y equipamiento para tratar asuntos relativos a secretos de Estado. Finalmente, el control por la prensa presenta el problema del sesgo: tanto quienes filtran los documentos como quienes están en condiciones de procesar esos ingentes volúmenes de información y seleccionar qué publicar, tienen el poder de apuntar las denuncias en una u otra dirección. Aquello que se presenta como expresión de la desobediencia civil y la libertad de prensa vehiculiza las más de las veces selectivas operaciones políticas (Sagar, 2013: 3-6, 49-50).

Si las modalidades del misterio y el arcano conservan actualidad, lo mismo sucede con las estratagemas. Contra ellas se despliegan las propuestas de gobierno abierto y acceso a la información pública (Iazzetta, 2014: 69-71). Cabe preguntarse aquí si todo secreto público equivale a una maquinación de sus portadores, o si no debería pensarse en la posibilidad de una legítima discreción respecto de ciertos asuntos. En este punto, resulta instructivo reseñar el caso de Vaca Muerta. En 2013, la petrolera estatal YPF firmó un acuerdo con la privada Chevon para la exploración y explotación de ese yacimiento gasífero. Ese acuerdo contenía cláusulas secretas que fueron severamente criticadas por la oposición. Entre los más duros impugnadores, se contaba la diputada Laura Alonso, exdirectora del capítulo argentino de *Transparencia Internacional*. Al comenzar la presidencia de Mauricio Macri, la diputada asumió la titularidad de la Oficina Anticorrupción. Tras leer aquellas cláusulas secretas, cambió su posición, avalando a partir de entonces su confidencialidad. Dos son las explicaciones posibles para este cambio: o bien la funcionaria abandonó sus principios, o bien el desempeño de su nueva función la llevó a comprender que existen límites razonables a la transparencia.

¿En qué podrían consistir estos límites? La primera clave debe buscarse en una institución central de la democracia contemporánea: el voto secreto. A través de este resguardo, se pretende preservar a los individuos de la presión de partidos y corporaciones. En igual sentido operan las exigencias de confidencialidad relativas a la información personal recabada por las diferentes reparticiones públicas (fiscales, laborales, bancarias, etcétera). Estas limitaciones son compatibles con el énfasis contemporáneo en la privacidad de los individuos: todos estamos prestos a admitir que, salvo justificadas excepciones, el poder público no debe ventilar datos relativos a la intimidad de los ciudadanos.

Yendo más allá, es posible también considerar la razonabilidad de secretos que no solo apunten a resguardar a los individuos. De esto, un puñado de ejemplos. Mantener en secreto las ofertas presentadas en una licitación pública hasta el acto de apertura simultánea de los sobres apunta a evitar la ventaja desleal que podría obtener alguno de los potenciales contratistas. Mantener en secreto las inspecciones previstas a empresas denunciadas por fraude laboral es condición esencial de la política de regularización del trabajo informal. Igualmente, mantener en secreto los formularios con que será evaluado el desempeño escolar de los alumnos es condición de una evaluación ecuánime de la calidad educativa de todos los distritos y jurisdicciones. Estos casos dan testimonio de limitaciones razona-

 La vida pública de las palabras

bles al principio de publicidad que, más que apañar estratagemas, apuntan a desmontarlos. La insistencia en la necesidad de precaverse de los abusos del poder público no debe hacernos perder de vista la necesidad de establecer recaudos para evitar también los abusos de corporaciones y poderes indirectos.

En definitiva, mantener una perspectiva analítica sobre los secretos políticos puede alertarnos respecto de los abusos derivados de la persistencia de opacidades tanto como de los abusos derivados de los excesos de transparencia.

Referencias bibliográficas

Accetto, Torquato (1997). *Della dissimulazione onesta*. Turín: Einaudi.

Agamben, Giorgio (2008). *El reino y la gloria*. Buenos Aires: Adriana Hidalgo.

Althusius, Johannes (1990). *La política*. Madrid: Centro de Estudios Constitucionales.

Arendt, Hannah (1997). *Crisis in the Republic*. Nueva York: Harvest.

Bentham, Jeremy (2002). *Tácticas parlamentarias*. México: PRI.

Bloch, Marc (2006). *Los reyes taumaturgos*. México: Fondo de Cultura Económica.

Bobbio, Norberto (1995). *Il futuro della democrazia*. Turín: Enaudi.

—— (2013). *Democracia y secreto*. México: Fondo de Cultura Económica.

Bodin, Jean (1969). *Method for the Easy Comprehension of History*. Nueva York: Columbia University Press.

Böckenförde, Ernst (2013). *Recht, Staat, Freiheit*. Fráncfort del Meno: Surnhkamp.

Boimvaser, Jorge (2000). *Los sospechosos de siempre*. Buenos Aires: Planeta.

Bourdieu, Pierre (2000). *Cuestiones de sociología*. Madrid: Istmo.

Bova, Sergio (1998). Servicios secretos. En Norberto Bobbio, Nicola Mateucci y Gianfranco Pasquino (Dirs.), *Diccionario de Ciencia Política* (pp. 1442-1446). México: Siglo Veintiuno editores.

Brutus, Junius Stephanus (2008). *Vindiciae contra tyrannos*. Madrid: Tecnos.

CELS (2016). *Derechos humanos en la Argentina*. Buenos Aires: Siglo Veintiuno editores.

Constant, Benjamin (1970). *Principios de política aplicables a todos los gobiernos representativos*. Madrid: Aguilar.

Dahl, Robert (2006). *A Preface to Democratic Theory*. Chicago: Univesity Press.

Donaldson, Robert (1988). *Machiavelli and Mystery of State*. Nueva York: Cambridge University Press.

Ernout Alfred y Antoine Meillet (1951). *Dictionnaire etymologique de la langue latine*. París: Klincksieck.

Esposito, Roberto (2013). *Due. La macchina della teologia politica*. Turín: Enaudi.

Foucault, Michel (2004a). *Naissance de la biopolitique*. París: Gallimard.

—— (2004b). *Sécurité, terriroire, population*. París: Gallimard.

Guizot, François (2002). *The History of the Origins of Representative Government in Europe*. Indianápolis: Liberty Fund.

Grasseger, Hannes y Mikael Krogerus (2017). The Data that Turned the World Upside Down. *Motherboard*. http://motherboard.vice.com/read/

big-data-cambridge-analytica-brexit-trump

Han, Byung-Chul (2013). *La sociedad de la transparencia*. Buenos Aires: Herder.

Hobbes, Thomas (1993). *El ciudadano*. Madrid: Debate.

Horn, Eva (2003). Knowing the Enemy. *Grey Room*, *11*, 58-85.

—— (2012). Logics of Political Secrecy. *Theory, Culture & Society*, *28* (7-8), 103-122.

Iazzetta, Osvaldo (2014). Tres décadas de democracia en tres dimensiones. En Isidoro Cheresky et al., *Pensar la política hoy* (pp. 49-77). Buenos Aires: Biblos.

Jay, John (2012). El federalista, LXIV. En Alexander Hamilton, James Madison y John James, *El federalista* (pp. 272-276). México: Fondo de Cultura Económica.

Kantorowicz, Ernst (1959). Secretos de Estado. *Estudios Políticos*, *65* (104), 37-68.

—— (1985). *Los dos cuerpos del rey*. Madrid: Alianza.

Kant, Immanuel (2008). *Zum ewigen Frieden*. Fráncfort del Meno: Fischer.

Ludueña Romandini, Fabián (2010). *La comunidad de los espectros I*. Buenos Aires: Miño y Dávila editores.

Maquiavelo, Nicolás (1995). *Il principe*. Turín: Enaudi.

Mazarino, Julio (2007). *Breviario de los políticos*. Barcelona: Acantilado.

Meinecke, Friedrich (1997). *La idea de la razón de estado en la edad moderna*. Madrid: Centro de Estudios Políticos y Constitucionales.

Naudé, Gabriel (1964). *Consideraciones políticas sobre los golpes de Estado*. Caracas: IEP.

Priezac, Daniel (1966). *Discours politiques*. París: Rocolet.

Quill, Lawrence (2014). *Secrets and Democracy*. Nueva York: Palgrave Mac-Millan.

Romano, Roberto (2014). *Razão de estado e outros estados da razão*. San Pablo: Perspectiva.

Rosanvallon, Pierre (2015). *El buen gobierno*. Buenos Aires: Manantial.

Sagar, Rahul (2013). *Secrets and Leaks*. Nueva Yersey: Princeton University Press.

Sénellart, Michel (1995). *Les arts de gouverner*. París: Seuil.

—— (2003). Secret et publicité dans l'art gouvernemental des XVIIème et XVIIIème siècles. *Quaderni*, *52*, 43-54.

Schmitt, Carl (2001). Teología política. En *Carl Schmitt*, seleccionado por Carlos Orestes (pp. 19-62). México: Fondo de Cultura Económica.

—— (2007). *La dictadura*. Madrid: Alianza.

—— (2008). *Fundamentos histórico-espirituales del parlamentarismo...* Madrid: Tecnos.

Simmel, Georg (1908). *Soziologie*. Berlín: Duncker & Humblot.

Spinoza, Baruch (2004). *Tratado político*. Buenos Aires: Quadrata.

Sohm, Rudolf (1923). *Kirchenrecht I*. Múnich y Leipzig: Duncker & Humblot.

Strauss, Leo (2013). *Derecho natural e historia*. Buenos Aires: Prometeo.

Tácito, Cornelio (1979). *Anales*. Madrid: Gredos.

—— (2003). *Libros de las historias*. Zaragoza: Institución Fernando el Católico.

Taranto, Domenico (2000). Simulazione/disimulazione. En Roberto Esposito y Carlo Galli (Dirs.), *Enciclopedia del pensiero politico* (pp. 654-656). Bari: Laterza.

Tocqueville, Alexis (2000). *Democracy in America*. Chicago: University Press.

Weber, Max (1984). *Escritos políticos*. México: Folios.

Young, Gerardo (2006). *SIDE. La Argentina secreta*. Buenos Aires: Planeta.

Origen de los textos

El capítulo 1 retoma algunos de los contenidos del artículo "Variaciones latinoamericanas en torno al concepto de ciudadanía", publicado en 2009 en la revista *Factotum*, hoy fuera de circulación.

El capítulo 2 reproduce el artículo "Decisionismo y decisión. Carl Schmitt y el retorno a la sencillez del comienzo", publicado en 2015 en la revista *Post-Data*.

El capítulo 3 aborda contenidos también desplegados en el capítulo "La objetividad del carisma. Una relectura de Max Weber en vista de los populismos latinoamericanos", compilado por Patricia Lambruschini, Juan Ignacio Trovero y Eduardo Weisz en el libro de 2019 *Viejos dioses, nuevos dioses. Política y religión a partir de Max Weber* (Madrid, Anthropos Siglo XX).

El capítulo 4 tiene por antecedente el ensayo "Actualidad del patriotismo", ganador del Concurso Democracias en Revolución y Revoluciones en Democracia, organizado por CLACSO y la Universidad Nacional de General Sarmiento en 2015. Una versión previa de este ensayo fue publicada ese mismo año en la *Revista Argentina de Ciencia Política*.

El capítulo 5 recupera, en gran medida, los desarrollos contenidos en el artículo "Revisión teórica de la opinión pública: delimitación, historización, análisis", publicado en la revista *De prácticas y discursos* en 2020.

El capítulo 6 es una versión actualizada y corregida del artículo "Reflexiones teóricas sobre la judicialización de la política argentina" publicado en 2014 en la revista *Documentos y Aportes en Administración Pública y Gestión Estatal.*

El capítulo 7 presenta una versión actualizada del artículo "Secretos de Estado. Actualización teórica y reflexiones sobre el caso argentino", publicado en *Studia Politicae* en 2018.